Rosenboom • Im Einsatz über der »vergessenen Front«

Potsdamer Schriften zur Militärgeschichte

Begründet vom
Militärgeschichtlichen Forschungsamt

Herausgegeben vom
Zentrum für Militärgeschichte und
Sozialwissenschaften der Bundeswehr

Band 23

Sebastian Rosenboom

Im Einsatz über der »vergessenen Front«

Der Luftkrieg an der Ostfront im Ersten Weltkrieg

ZMSBw • Potsdam 2013

Bibliografische Information der Deutschen Nationalbibliothek
Die Deutsche Nationalbibliothek verzeichnet diese Publikation in der Deutschen Nationalbibliografie; detaillierte bibliografische Daten sind im Internet über www.dnb.de abrufbar.

Das Zentrum für Militärgeschichte und Sozialwissenschaften der Bundeswehr (ZMSBw) ist hervorgegangen aus dem Militärgeschichtlichen Forschungsamt (MGFA) und dem Sozialwissenschaftlichen Institut der Bundeswehr (SOWI).

Redaktion und Projektkoordination: ZMSBw, Schriftleitung
Redaktion/Lektorat: Wilfried Rädisch
Satz: Antje Lorenz
Karten: Bernd Nogli
Umschlaggestaltung, Bildbearbeitung: Knud Neuhoff, Berlin

Umschlagabbildung: Ein Angehöriger der FA (A) 242w vor dem Trümmern eines russischen Nieuport-Jagdeinsitzers. Das Wrack gehörte wie am markanten Seitenleitwerk erkennbar zur 19. Staffel, die zahlreiche russische Fliegerasse hervorbrachte. (Mit freundlicher Genehmigung von Angelika Anslinger)

ISBN 978-3-941571-27-3

Inhalt

I. Einleitung

1. Thematische Einführung

Der Unteroffizier Gustav Ehinger berichtete in seinem Tagebuch über einen Luftkampf im Jahre 1917:

> »Scheinbar war er so verblüfft, uns gleich vor der Nase zu haben, dass er zu schießen vergaß. Ich aber überlege nicht lange, drücke auf meinen Maschinengewehrknopf zur Begrüßung. Sofort gibt er Tiefensteuer und verschwindet in großer Kurve unter mir[1].«

Diese Szene spielt nicht etwa am Himmel über der Westfront, der von historisch interessierten Personen in der Regel als Erstes mit der Thematik »Luftkrieg im Ersten Weltkrieg« in Verbindung gebracht wird, sondern an der Ostfront über dem heutigen Litauen. Auch dort waren seit Beginn des Krieges täglich Luftstreitkräfte in die Kämpfe verwickelt.

Der 26-jährige Ehinger fiel kurz nach dieser Episode am 9. September 1917 über Krewo einem Flakvolltreffer zum Opfer. Dass der Einsatz im Osten auch längerfristig präsente Eindrücke hinterließ, verdeutlicht folgendes Zitat:

> »Wir machen noch einige Umwege und suchen Truppenlager, denn das macht besonderen Spaß, die Herren da unten mit Maschinengewehren zu beunruhigen. Solche halbwilden Völkerstämme wie die Asiaten haben noch viel mehr Angst als die gebildeten Engländer[2].«

Diese Sätze stammen von dem später als »Roter Baron« bekannt gewordenen Rittmeister Manfred von Richthofen (1892–1918), der sich als junger Pilot über Russland seine ersten fliegerischen Sporen verdiente. Doch ähnlich wie der Einsatz Richthofens in Osteuropa von seinen späteren Erfolgen als Jagdflieger mit 80 Abschüssen an der Westfront überlagert wurde, geriet der gesamte Luftkrieg über der Ostfront in Vergessenheit.

In der deutschen wie in der internationalen Historiografie wurde dieser Themenkomplex über Jahrzehnte hinweg kaum beachtet. Dennoch verdient dieses Thema, aufgearbeitet zu werden, denn schließlich kam es hier zum ersten Mal zum Einsatz von Luftstreitkräften in einem Bewegungskrieg in größerem Ausmaß und über einen längeren Zeitraum hinweg. Dass dieser Einsatz von mitunter entscheidender Bedeutung war, spiegelt der Generalfeldmarschall Paul von Hindenburg (1847–1934) zugeschriebene Ausspruch »ohne Flieger kein Tannenberg« mit Blick auf die Bedeutung der durch die Luftaufklärung gelieferten Informationen

---

1 Ehinger, Luftkampf im Osten, S. 246.
2 Richthofen, Der rote Kampfflieger, S. 65.

zum Vormarsch der russischen Armeen in Ostpreußen im August 1914 wider. Auf Grundlage der verfügbaren Quellen wird der Luftkrieg an der Ostfront im Ersten Weltkrieg aus Sicht der Angehörigen der »deutschen«[3] Luftstreitkräfte untersucht. Unter Miteinbeziehung Osteuropas als »Raum« werden dabei neben rein militärhistorischen Gesichtspunkten ebenso die Erfahrungen und Darstellungen dort eingesetzter Flieger analysiert.

2. Der »Raumbegriff«

»Die Freiheit des Raumes gibt ihm unbegrenzte Bewegungsfreiheit[4].« Mit diesen Worten beschrieb der bei der Kriegswissenschaftlichen Abteilung der Luftwaffe tätige Generalleutnant Wilhelm Haehnelt in einem Aufsatz aus dem Jahre 1939 das Verhältnis zwischen einem Flugzeugführer über dem Schlachtfeld und dem Faktor »Raum«, ohne diesen Faktor jedoch genauer zu definieren.

In den weiteren Kapiteln wird der »Raum« abseits der bloßen Geografie betrachtet. Neben den für militärische Operationen naturgemäß bedeutsamen geografischen, klimatischen und infrastrukturellen Dimensionen Osteuropas werden zusätzliche Dimensionen des »Raumes« analysiert. Dadurch soll ein Bogen vom klassischen operativen »Raum« der Militärgeschichte zu den Raumvorstellungen der Sozial- und Kulturwissenschaften geschlagen werden[5]. Vergleiche z.B. mit dem Luftkrieg über der Westfront werden daher nur in Ausnahmefällen zur Verdeutlichung bestimmter Sachverhalte herangezogen. Der Faktor »Raum« selbst erlebte erst in den letzten Jahren eine Art Renaissance in der deutschen Geschichtsschreibung. Belastet durch die verbrecherischen Raumideologien des »Dritten Reiches« sowie durch die laut einem Aufsatz von Jürgen Osterhammel lange vorherrschende Annahme von Geschichte als bloßer Entfaltung menschlichen Willens war es für deutsche Historiker im Gegensatz zu ihren internationalen Kollegen lange Zeit unüblich, die Kategorie des »Raumes« in ihre Werke mit einzubeziehen[6]. Ein »Raum« kann allerdings weit über die bloße Bedeutung der Geografie für menschliches Handeln hinausgehen.

Zunächst werden die nach wie vor für militärische Handlungen relevanten Bedingungen eines »Raumes« untersucht. Hierbei wird herausgearbeitet, inwiefern sich die natürlichen geografischen und klimatischen Gegebenheiten im damaligen deutsch-russischen Grenzgebiet auf die Möglichkeiten der noch jungen und

---

[3] Formal gesehen handelte es sich bei den Luftstreitkräften um keine eigenständige Teilstreitkraft wie die Kaiserliche Marine, sondern um Kontingenttruppen. Um sich wiederholende langwierige Umschreibungen zu vermeiden, soll von ihnen im Folgenden dennoch als »deutsche Luftstreitkräfte« die Rede sein.

[4] Bundesarchiv-Militärarchiv, Freiburg i.Br. (BArch), RL 2 IV/295, Akten-Ordner Nr. 5: Deutsche Luftstreitkräfte (Weltkrieg). Zusammenwirken der Luftwaffe mit dem Heer, S. 5.

[5] Ähnlich ging Harald Potempa in seinem Vortrag »Die Königlich-Bayerische Fliegertruppe in Südtirol 1915« vor. Potempa unterschied den Faktor »Raum« in eine militärisch-operative Raumdimension und untersuchte dann die Südwestfront als »Tötungs- und Todesraum« sowie als »Erinnerungsraum«, vgl. Potempa, Die Königlich-Bayerische Fliegertruppe in Südtirol 1915.

[6] Osterhammel, Die Wiederkehr, S. 374 f.

bis dato kaum bekannten Luftkriegführung auswirkten. Diese quasi naturgegebenen Voraussetzungen waren schlichtweg vorhanden und ließen sich laut Gerhard P. Groß allenfalls z.B. durch lokale Verstärkungen in Form von Festungen betonen, unterlagen aber im Wesentlichen nicht der Willkür des Menschen[7]. Diese nach Reinhart Koselleck demnach per se metahistorischen Bedingungen für Geschichte entzogen sich daher weitgehend dem Zugriff menschlichen Handelns, avancierten allerdings gleichzeitig zu Bedingungen dafür[8]. Ebenso von Menschenhand eingefügte Veränderungen wie die Infrastruktur oder die Besiedlungsdichte sowie die Kampfführung an der Ostfront waren für die Luftstreitkräfte wichtige Faktoren und werden deshalb in die militärisch-operative Dimension des östlichen Kampfgebietes als »Raum« miteinbezogen.

Aus dieser militärisch-operativen Dimension ergaben sich wiederum Notwendigkeiten auf der praktischen Ebene, die in der taktischen Dimension Osteuropas, bzw. der Ostfront als »Raum« untersucht werden. Sollten im Ersten Weltkrieg in einem speziellen Umfeld Luftstreitkräfte effektiv zur Geltung kommen, so mussten diese spezifisch an ihr Einsatzgebiet angepasst sein. Daher wird ermittelt, wann welche Einheiten in welchem Umfang zum Einsatz gebracht wurden und inwiefern sich deren Zusammensetzung von Fliegerformationen an anderen Fronten unterschied. Weitere Faktoren in dieser Hinsicht sind die durchgeführten Einsatzverfahren und die Miteinbeziehung von Luftstreitkräften bei den verschiedenen groß angelegten Operationen an der Ostfront. Ebenfalls beachtenswert ist in diesem Kontext, ob sich im »Raum« Ostfront bis Anfang 1918 ein eigenes Innovationspotenzial für die Luftkriegführung entwickelte.

Nach diesen beiden rein militärhistorischen Dimensionen des »Raumes« werden die sozialen bzw. kulturellen Eindrücke der dort eingesetzten Besatzungen beleuchtet. Zuerst soll es dabei um die Dimension eines »Erfahrungsraumes« der dortigen Luftstreitkräfte gehen. Der Einsatz in einem fremden Gebiet, oft über Monate oder Jahre hinweg, sorgte für gemeinsame Erlebnisse und Ängste, die sich in einem eigenen Erfahrungshorizont und eigenen Verhaltensweisen widerspiegelten. Gleichzeitig waren die Besatzungen als Angehörige einer nach damaligen Standards hochmodernen und technisierten Truppengattung an der Ostfront insbesondere außerhalb urbaner Zentren mit einer im Vergleich zum Deutschen Reich vielfach rückständig wirkenden Umwelt konfrontiert. Auch das Bild der Besatzungen von den verbündeten und gegnerischen Boden- und Luftstreitkräften muss an dieser Stelle analysiert werden, um ein abgerundetes Bild des »Erfahrungsraumes« Luftkrieg an der Ostfront zu gewinnen.

Abschließend wird die Dimension des »Erinnerungs-/ bzw. Propagandaraumes« des östlichen Luftkrieges und damit dessen Wirkung auch über das Kriegsende hinaus betrachtet. Hierbei liegt der Fokus hauptsächlich auf der Nutzung dieses Teilaspektes des Krieges für die zeitgenössische Kriegspropaganda der Mittelmächte. Es wird dargestellt, wie und ob der Luftkrieg im Osten während des Krieges der eigenen Bevölkerung präsentiert wurde und ob sich diesbezüglich eine Entwicklung ergab.

---

7 Groß, Der »Raum«, S. 118.
8 Koselleck, Zeitschichten, S. 84.

Weiterhin ist untersuchenswert, wie das Bild der russischen Fliegertruppen aussah, da in der deutschen Kriegspropaganda die »Slawen« überwiegend als technikfeindlich dargestellt wurden, im Krieg aber augenscheinlich hochkomplexe Technologien bedienen konnten[9].

3. Quellen und Literatur

Im Wesentlichen lassen sich die in dieser Arbeit verwendeten Quellen neben Archivbeständen in die Kategorien autobiografischer Darstellungen und zwischen 1914 und 1918 oder in der Zwischenkriegszeit veröffentlichter fiktiver oder nonfiktiver Kriegsliteratur einordnen. In den Wirren des Jahres 1945 ist ein Großteil der deutschen Archivbestände zu den Luftstreitkräften des Ersten Weltkrieges alliierten Bombenangriffen zum Opfer gefallen. Die Arbeitsergebnisse dieses Buches setzen sich daher wie ein Mosaik aus einer Vielzahl kleinerer Quellenbausteine zusammen.

Neben einem Tagebuch des Oberleutnants Ernst Eberstein[10] aus dem Archiv des Deutschen Technikmuseums in Berlin wurden diverse Quellen aus dem Kriegsarchiv München, dem Hauptstaatsarchiv Stuttgart und dem Bundesarchiv-Militärarchiv in Freiburg benutzt. Hierbei handelt es sich vornehmlich um Bestände früherer Fliegerformationen wie z.B. die Kriegstagebücher und Fliegermeldungen der Feldfliegerabteilungen (FFA) 31[11] und 37[12] oder der Fliegerabteilung (Artillerie) – FA (A) – 242 württembergisch (w)[13] sowie einer Vielzahl von Erfahrungsberichten, Personalakten und Dokumenten von an der Ostfront eingesetzten Armeen[14], die Einblicke in die rein militärische Seite des Luftkrieges in Osteuropa ermöglichten. Zudem konnten einige Aufsätze der Kriegswissenschaftlichen Abteilung der Luftwaffe aus den Jahren 1939 bis 1942 eingesehen und ausgewertet werden[15]. Von großer Hilfe waren die Quellen einiger Universitäten in den USA. Hier lagern weitgehend unbekannt eine ganze Reihe hilfreicher Bestände, die für die Erforschung der Luftstreitkräfte des Ersten Weltkrieges noch von Bedeutung sein dürften[16].

---

9 Hoeres, Die Slawen, S. 181; Horn, Im Osten nichts Neues, S. 219.

10 Deutsches Technikmuseum Berlin (DTMB), NL 151, Nachlass Ernst Eberstein.

11 BArch, MSG 2/1138, Fliegermeldungen der Feld-Fliegerabteilung 31.

12 BArch, RM 114/18, Kriegstagebuch der 37. Feld-Flieger-Abtlg. vom 18.9.15 bis 1.4.16, Bd 1; ebd., RM 114/19, Kriegstagebuch der 37. Feld-Flieger-Abtlg. vom 18.9.15 bis 1.4.16, Bd 2.

13 Hauptstaatsarchiv (HStA) Stuttgart, M 1/11 Bü 564, Königsberichte. Württ. Artillerie-Flieger-Abteilung 242. Einsatz Ostfront, 10.9.1916 bis 8.11.1918.

14 Hier sind u.a. zu nennen: BArch, PH 5 II/279, Abschrift des Kriegstagebuches der 9. Armee, 19.9.–31.12.1914; ebd., PH 5 II/281, Abschrift des Kriegstagebuches der 9. Armee. Zeit: 5.1.–23.4.15; ebd., PH 5 II/282, Abschrift des Kriegstagebuches der 9. Armee, 24.4.–30.6.15; ebd., PH 5 II/283, Abschrift des Kriegstagebuches der 9. Armee vom 1.7.–4.8.1915 und der Heeresgruppe Prinz Leopold von Bayern vom 5.8.–31.8.1915; ebd., PH 5 II/336, Befehle und Akten der Kaiserlich-Deutschen Südarmee 1916.

15 Die Tätigkeit der österr.-ung. Luftstreitkräfte; BArch, RL 2 IV/266, Ernst Rademacher: Flieger bei Tannenberg; ebd., RL 2 IV/273, Die deutschen Luftstreitkräfte im Weltkrieg (Kürzester Überblick); ebd., RL 2 IV/295, Akten-Ordner Nr. 5: Deutsche Luftstreitkräfte (Weltkrieg).

16 Hierbei handelt es sich um Bestände der Stanford University sowie um umfangreiche Sammlungen an der University of Texas at Dallas (siehe Quellenverzeichnis).

Weiterhin ergab sich nach umfangreichen Recherchen die Möglichkeit, persönliche Nachlässe einiger an der Ostfront eingesetzter Flieger einzusehen. Neben den Aufzeichnungen des Vizefeldwebels Dietrich Averes (1894–1982) waren vor allem die Fliegererinnerungen des Leutnants der Reserve (d.Res.) Leopold Anslinger (1891–1978) als unverfälschte Quellen von großer Bedeutung.

Die herangezogenen autobiografischen Darstellungen stammen von Luftschiffern, Ballonbeobachtern, Flakangehörigen und Angehörigen verschiedener Fliegerformationen. Zeugnisse von Piloten und Beobachtern stellen hierbei den Großteil des Quellenbestandes, weshalb Berichte von Flak-, Luftschiff- oder Ballonpersonal meist allenfalls am Rande mit eingebunden werden. Einige dieser Zeugnisse sollen an dieser Stelle kurz vorgestellt werden. Wenn für diese Arbeit zwar nicht am ergiebigsten, so doch sehr aufschlussreich waren die in Kooperation mit dem Autor Erich Salzmann entstandenen Aufzeichnungen Manfred von Richthofens[17]. Bei Kriegsbeginn noch als Offizier in einer Ulanen-Schwadron eingesetzt, entschied er sich 1915 für den Wechsel zu den Fliegertruppen und wurde anfangs als Beobachter, dann als Pilot bei wechselnden Abteilungen zeitweilig auch an der Ostfront eingesetzt. Seine überwiegend unreflektiert niedergeschrieben wirkenden Aufzeichnungen während des Einsatzes gegen die russischen Streitkräfte schildern nicht nur eingehend den Fliegeralltag im Osten, sondern zugleich die Haltung des Autors gegenüber den russischen Soldaten und der einheimischen Bevölkerung.

Ein weiterer später als Jagdflieger bekannt gewordener Pilot war der Leutnant d.Res. Erwin Böhme (1879–1917), der u.a. während der Abwehr der Brussilow-Offensive im Sommer 1916 im heute ukrainischen Kowel stationiert war. Seine während dieser Zeit an seine Verlobte verfassten Briefe wurden 1930 von Johannes Werner bearbeitet und herausgegeben und zeichnen von den Kampfhandlungen ein ähnliches Bild wie die Erinnerungen Richthofens[18]. Für diese Arbeit besonders interessant waren die Eigenwahrnehmung des Autors und die konträr dazu stehende Wahrnehmung der Einheimischen und der zarischen Soldaten. Ebenfalls im Kampfgeschwader der Obersten Heeresleitung (KaGOHL) 2 an der Ostfront flog der Leutnant d.Res. und spätere Jagdflieger Emil Schäfer (1891–1917), dessen Tagebucheinträge posthum 1918 von seinen Eltern veröffentlicht wurden[19]. Das eigene Tun als Infanterieflieger wird immer wieder als sehr wirkungsvoll gegen die russischen Truppen beschrieben und der Krieg stellenweise nahezu verherrlicht. Gerade dies muss vor dem Hintergrund, dass Schäfer zuvor als Infanterist die Schrecken des Stellungskrieges im Westen miterlebt hatte, stark verwundern und teilweise Zweifel am Realitätsgehalt aufkommen lassen.

Im Gegensatz zu den bereits genannten Piloten hatte der aus der Nähe von Böblingen stammende Leutnant Hans Schröder die Gelegenheit, als Überlebender seine Erinnerungen niederzuschreiben und 1934 in der neutralen Schweiz zu ver-

17 Richthofen, Der rote Kampfflieger. Diese Kriegsmemoiren entstanden 1917 in Zusammenarbeit mit Erich Salzmann, der laut Schilling Änderungen an Richthofens Vorlagen vornahm, um die erwünschte propagandistische Wirkung zu steigern, siehe Schilling, »Kriegshelden«, S. 39.

18 Briefe eines deutschen Kampffliegers.

19 Schäfer, Vom Jäger zum Flieger.

öffentlichen[20]. Schröder meldete sich nach seinem Einsatz als Dragoner an der Westfront 1915 zur Fliegertruppe und wurde nach absolviertem Beobachterlehrgang in Posen mit der FFA 58, der späteren FA (A) 284, an die Ostfront versetzt, wo er mit kurzen Unterbrechungen bis Anfang 1917 diente. Diese Zeit wird eindrucksvoll und im Gegensatz zu anderen zeitgenössischen Darstellungen überaus nüchtern skizziert. Beschönigungen des Krieges, den Schröder in seinem Vorwort »verbrecherischer Brudermord«[21] nennt, sind kaum zu finden. Ergänzend dazu liest sich wiederum »Flieger an allen Fronten«[22] von Hauptmann Friedrich Schilling, der ebenfalls als Beobachter an der Ostfront flog. Seine Schilderungen gehen über den Alltag innerhalb der eigenen Staffel hinaus und beschreiben die ganz persönlichen Eindrücke Schillings von seinen russischen Gegenspielern, den verbündeten österreichisch-ungarischen Luftfahrtruppen sowie von der einheimischen Bevölkerung und den mit dem Einsatz im Osten verbundenen Unannehmlichkeiten und Problemen.

Ähnlich ist die Lesart der 1937 erschienenen Reminiszenzen des späteren Generalmajors Elard von Loewenstern[23]. Mitunter neigt auch dieser Autor bei allgemeinen Beschreibungen zur Verherrlichung des Krieges, entgegengesetzt dazu wird das eigene Tun an der Front aber erstaunlich nüchtern dargestellt. Loewenstern kam als sogenannter Vorkriegsflieger 1914 direkt an die Ostfront und blieb dort bis 1916. Eine weitere Quelle stammt von dem durch die »Hindenburg-Katastrophe« zu trauriger Berühmtheit gelangten Luftschiffkommandanten Ernst A. Lehmann (1886–1937), der ab 1914 mit diversen Luftschiffen Angriffe gegen Städte, Festungen und andere militärische Anlagen an der Ostfront, das russische Hinterland sowie im gesamten Ostseeraum fuhr[24]. Eine etwas andere Perspektive eines Angehörigen der Luftstreitkräfte bieten die Memoiren des Leutnants d.Res. Fritz Nagel, der lange Zeit an der Ostfront als Angehöriger eines Flakzuges stationiert war. Da sich seine dienstliche Tätigkeit aufgrund der verschwindend geringen russischen Flugaktivität in einem äußerst überschaubaren Rahmen hielt, sind umso mehr seine Eindrücke von der einheimischen Bevölkerung und die Wahrnehmung des russischen Gegners interessant. Der Autor selbst wanderte in der Zwischenkriegszeit in die USA aus, wo seine Erinnerungen gemeinsam mit Richard A. Baumgartner 1981 herausgegeben wurden[25].

Neben diesen Texten wurde in den Jahrzehnten nach 1918 zusätzlich zahlreiche Literatur veröffentlicht, in der Beteiligte in kleinen Episoden ihre Fliegererlebnisse darstellten. Beispiele hierfür sind die Sammelbände »In der Luft unbesiegt. Erlebnisse im Weltkrieg erzählt von Luftkämpfern« des Majors außer Dienst (a.D.) Georg Paul Neumann oder »Unsere Luftstreitkräfte 1914–1918. Ein Denkmal

20 Schröder, Erlebter Krieg.
21 Ebd., S. 10.
22 Schilling, Flieger an allen Fronten.
23 Loewenstern, Der Frontflieger.
24 Lehmann, Auf Luftpatrouille.
25 Fritz. The World War I Memoirs of a German Lieutenant. Autobiografische Quellen aus Sicht der zarischen Fliegertruppen stammen u.a. von Alexander Vasilievič Riaboff (1895–1984) und Konstantin Nikolaevič Finne (1877–1957), siehe Riaboff, Gatchina Days und Igor Sikorsky. The Russian Years.

deutschen Heldentums« des späteren Generalleutnants Walter von Eberhardt, in denen meist mit viel Pathos die Taten deutscher Luftfahrzeugbesatzungen beschrieben sind. In eine ähnliche Kategorie gehören die Sammelbände »Flieger-Erlebnisse und Flugerlebnisse im Weltkrieg«[26] und »Das fliegende Heer. Von den Fliegern von Tannenberg bis zu den Luftschlachten des letzten Kriegsjahres«[27], die beide in den 1930er Jahren während der nationalsozialistischen Diktatur vornehmlich mit der Intention veröffentlicht wurden, die Taten der deutschen Luftstreitkräfte im vergangenen Krieg zu glorifizieren. Schon während des Ersten Weltkrieges erschienen Publikationen, die sich mit der Fliegertruppe befassten und mit fiktiven oder realen Hintergründen die Kämpfe in der Luft schilderten. Als Beispiele hierfür sind u.a. »Unsere Flieger über Feindesland«[28] von Kurt Mühsam, »Im Kriegsflugzeug«[29] von Rudolf Requadt, »Mit Zeppelin und Flugzeug«[30] von Walter Heichen oder »Unsere Luftstreitkräfte im Weltkrieg. Ihr Wesen und ihre Entwicklung in drei Kriegsjahren«[31] von O. Daenbruch anzuführen, die oft mit ähnlichen Motiven die Leistungen der Luftstreitkräfte der Mittelmächte verherrlichten.

In der internationalen Geschichtsschreibung ist der Luftkrieg im Osten im Ersten Weltkrieg, wie viele Bereiche des Themenkomplexes »Ostfront«, bislang noch nicht ausführlich behandelt worden. Die ersten Autoren, die sich diesem Thema zumindest annäherten, waren in den 1920er Jahren die Verfasser und Herausgeber diverser Werke über die deutschen Luftstreitkräfte und die Luftkriegführung von 1914 bis 1918. Einer dieser Autoren war der ehemalige Kommandierende General der Luftstreitkräfte (KoGenLuft) Ernst von Hoeppner (1860–1922), der in der umfangreichen Publikation »Deutschlands Krieg in der Luft. Ein Rückblick auf die Entwicklung und die Leistungen unserer Heeres-Luftstreitkräfte im Weltkriege«[32] aus dem Jahre 1921 »seiner« Truppengattung regelrecht ein Denkmal setzte. Zwar wird die Ostfront hier nur als Nebenkriegsschauplatz behandelt, doch geht der Autor dennoch relativ ausführlich auf die Leistungen der dortigen Luftstreitkräfte sowie auf die Bedingungen, unter denen diese eingesetzt wurden, ein. Insgesamt lässt sich hierbei allerdings deutlich ablesen, dass es sich vor allem um ein Werk handelt, das sich eher mit den Erfolgen als mit den Problemen und Misserfolgen der deutschen Fliegertruppe beschäftigt.

Ebenfalls aus den 1920er Jahren stammen zwei Aufsätze des Majors a.D. Hans Arndt. »Der Luftkrieg«[33], erschienen 1922 im Werk »Der große Krieg 1914–1918 in zehn Bänden«[34] und »Die Fliegerwaffe«[35] für den Sammelband »Der Stellungskrieg 1914–1918 auf Grund amtlicher Quellen unter Mitwirkung namhafter Fachmänner

[26] Hublitz, Flieger-Erlebnisse.
[27] Koerber, Das fliegende Heer.
[28] Mühsam, Unsere Flieger.
[29] Requadt, Im Kriegsflugzeug.
[30] Heichen, Mit Zeppelin und Flugzeug.
[31] Daenbruch, Unsere Luftstreitkräfte.
[32] Hoeppner, Deutschlands Krieg in der Luft.
[33] Arndt, Der Luftkrieg.
[34] Der große Krieg 1914–1918.
[35] Arndt, Die Fliegerwaffe.

technisch, taktisch und staatswissenschaftlich dargestellt« tendieren zwar in Teilen zur Heldenverklärung, beinhalten aber zugleich durchaus gehaltvolle Vergleiche zwischen dem Einsatz von Luftstreitkräften in West und Ost. Der Autor kommt bezüglich der operativen Bedeutung sogar zu dem Schluss, der Einfluss der Luftstreitkräfte auf das Geschehen am Boden sei aufgrund ihrer überragenden Aufklärungsmöglichkeiten im Osten größer gewesen als im Westen[36]. Georg Paul Neumann gab 1920 ein weiteres unter Mitwirkung einiger Offiziere entstandenes Werk zu den deutschen Luftstreitkräften des Ersten Weltkrieges heraus[37]. Die große Anzahl von Autoren sorgt zwar für eine sehr umfassende Darstellung, bietet durch die Arbeit von unmittelbar Beteiligten mitunter aber das Problem mangelnder Objektivität.

Ebenfalls aus den 1920er Jahren stammt »The Great War in the Air«[38] von Edgar Charles Middleton, in dem dem östlichen Kriegsschauplatz erstaunlicherweise mehr Raum zukommt als bei deutschen Autoren dieser Zeit. Geschildert wird der Luftkrieg im Osten im ersten Band zunächst abschnittsweise aus der Perspektive der zarischen Luftstreitkräfte. Der Autor beschreibt explizit die zahlreichen Probleme und Defizite dieser Truppe und versucht gleichzeitig, die Bedeutung des deutschen Pendants und deren Handlungen im Osten zu relativieren. Zudem unterlässt es Middleton nicht, fingierte völkerrechtswidrige Handlungen deutscher Flieger zu erwähnen sowie die überaus hohe Moral der russischen Piloten auch nach den Revolutionen zu betonen[39]. Die Beschreibungen der Umstände, unter denen in Osteuropa Luftkrieg geführt wurde und die dementsprechend die operativ-militärische Dimension des dortigen »Raumes« ausmachten, stimmen jedoch nahezu vollständig mit den Schilderungen deutscher Autoren überein.

Ab 1925 erschien die vom damaligen Reichsarchiv[40] herausgegebene Reihe »Der Weltkrieg 1914–1918«[41], die in 14 Bänden bis 1956 die rein militärhistorischen Aspekte des vergangenen Krieges sehr umfassend darstellten und analysierten. Während diese Reihe in den ersten Jahrzehnten der Bundesrepublik eher skeptisch betrachtet und ihr ein Hang zur »Dolchstoßlegende« und Revisionismus angelastet wurde, wird sie vor allem dank einer intensiven Analyse durch Markus Pöhlmann aus dem Jahre 2002 wieder als valide Quelle zu den Ereignissen des Ersten Weltkrieges angesehen[42]. Bezüglich des Themas dieser Arbeit sind die im Vergleich zu späterer Literatur sehr umfangreichen Schilderungen der Operationen an der Ostfront von Bedeutung. In diesem Kontext wird häufig die Mitwirkung von Luftstreitkräften erwähnt und gelegentlich eingeschätzt, was somit ein geeignetes Korrektiv zur Beurteilung der von den Beteiligten selbst immer sehr hoch angesehenen Effektivität ihres Eingreifens in die Kampfverläufe am Boden bietet.

Eines der ersten nach dem Zweiten Weltkrieg erschienenen Überblickswerke über den Luftkrieg im Ersten Weltkrieg, das zumindest am Rande die Ereignisse

---

36 Arndt, Der Luftkrieg, S. 643.
37 Neumann, Die deutschen Luftstreitkräfte.
38 Middleton, The Great War in the Air.
39 Ebd., Bd 1, S. 92; Bd 2, S. 34, 236, 239 f.
40 Nach 1945 wurden zwei weitere Bände durch das Bundesarchiv herausgegeben.
41 Der Weltkrieg 1914–1918.
42 Pöhlmann, Kriegsgeschichte, S. 212–214, 216.

über der Ostfront mit einbezog, war neben »Winged Mars«[43] von John R. Cuneo »The Great Air War«[44] des US-amerikanischen Historikers Aaron Norman aus dem Jahre 1968. Diese Erscheinung, die bezüglich des Luftkrieges über der Westfront schon relativ früh mit den Mythen der »Fliegerasse« abrechnet, befasst sich am Rande zugleich mit den russischen Luftstreitkräften und versucht die Verbindung zwischen ihnen und den übrigen Alliierten herzustellen. Leider bleibt es bei einer oberflächlichen Betrachtung, die nicht über eine Einschätzung der theoretischen Kampfkraft der zarischen Verbündeten hinausgeht. Die aktuell wohl gelungensten Gesamtdarstellungen des Luftkrieges 1914 bis 1918 stammen von dem US-amerikanischen Militärhistoriker Lee Kennett aus dem Jahre 1991 und dem in Westpoint tätigen Dozenten John Howard Jr. Morrow aus dem Jahre 1993[45]. Zwar liegt in beiden Publikationen der Schwerpunkt auf den Luftkriegsaktivitäten an der Westfront, doch werden auch den anderen Kriegsschauplätzen einzelne Kapitel gewidmet, in welche die Ostfront mit einbezogen wird. Leider geben die Autoren insgesamt aber nur recht präzise Zusammenfassungen der Literatur der 1920er Jahre wieder, ohne auf die Hintergründe für die geschilderten Entwicklungen einzugehen.

Weitere Erkenntnisse ließen sich aus Monografien über die einzelnen im Osten an den Kampfhandlungen beteiligten Luftstreitkräfte oder speziellen Einzelthemen gewinnen. Während sich das 1980 erschienene Buch »Fliegertruppe 1914–18«[46] des US-amerikanischen Autors A. Ed. Ferko eher an interessierte Laien richtet und unter Einbezug zahlreicher bildlicher Darstellungen sehr oberflächlich bleibt, bietet »Germany's First Air Force 1914–1918«[47], geschrieben von dem in den USA bekannten Luftfahrthistoriker Peter Kilduff, einige Schilderungen des Luftkrieges über dem östlichen Kriegsschauplatz. Insbesondere auf die Auswirkungen des Einsatzes von Luftstreitkräften auf die Kampfverläufe am Boden geht der Autor hierbei ein. Bei der Auswertung dieser Publikation ergaben sich hingegen Zweifel, ob die dargestellte Effektivität wirklich der Realität entsprach. Zur allgemein wenig erforscht gebliebenen Geschichte der zarischen Fliegertruppe gelang der Zugang über Werke, die vornehmlich die sowjetische Luftwaffe untersuchen und dabei auf die Vorgängerorganisation Bezug nehmen[48]. Dieses gilt u.a. für das 1962 erschienene Buch »A History of Soviet Air Power«[49] des britischen Historikers Robert A. Kilmarx. Der Autor liefert über die im Grunde nur als Randthema fungierenden russischen Luftstreitkräfte viele nützliche Daten und Fakten zu deren Aufstellung, Strukturen und Einsätzen, unterlässt jedoch eine Einordnung ihrer Bedeutung in das Frontgeschehen. Erst 1995 erschien ein sich explizit mit den zarischen Luftstreitkräften beschäftigendes Werk mehrerer internationaler Militärhistoriker. Doch leider richtet sich »The Imperial Russian Air

43 Cuneo, Winged Mars.
44 Norman, The Great Air War.
45 Kennett, The First Air War; Morrow, The Great War in the Air.
46 Ferko, Fliegertruppe.
47 Kilduff, Germany's First Air Force.
48 In der Historiografie der Sowjetunion spielten die zarischen Luftstreitkräfte bis auf eine Veröffentlichung von Pjotr Dmitrievič Duz keine nennenswerte Rolle, siehe Duz, Istorija.
49 Kilmarx, A History of Soviet Air Power.

Service. Famous Pilots and Aircraft of World War One«[50] in erster Linie an historisch Interessierte und bietet allenfalls eine reich bebilderte populärwissenschaftliche Darstellung. Ähnliches gilt für das 2010 posthum erschienene zweibändige Werk von August G. Blume, der in akribischer Kleinarbeit zahlreiche Quellen zum Luftkrieg an der Ostfront im Ersten Weltkrieg zusammentrug. Seine Werke und die darin enthaltenen Listen bilden dennoch wichtige Anhaltspunkte für die weitere Forschung[51].

Ist die Literaturlage zu den russischen Luftstreitkräften im Ersten Weltkrieg bereits dünn, so gestaltet sich die Beschäftigung mit der österreichisch-ungarischen Luftfahrtruppe als noch komplizierter. Dies muss umso mehr erstaunen, als noch zahlreiche offizielle amtliche Quellen hierzu erhalten sind. Neben diversen Überblickswerken über die bei der k.u.k. Fliegertruppe eingesetzten Flugzeugtypen von Ernst Peter[52] oder Reinhard Keimel[53], die eher technische Details zum Inhalt haben und wenn überhaupt den Luftkrieg gegen das italienische Corpo Aeronautico Militare mit einbeziehen, existiert nur wenig Literatur über die Einsätze der Fliegertruppe der Doppelmonarchie an der Ostfront. Zur allgemeinen Struktur, Einsätzen und den Problemen dieser Truppe erschien mit der veröffentlichten zweibändigen Magisterarbeit von Reinhard Desoye[54] 1993 zumindest eine Publikation, die einen guten Überblick bietet. Etwas weitergehende Erkenntnisse über den Einsatz gegen die russischen Luftstreitkräfte erschlossen sich über das Buch »Air Aces of the Austro-Hungarian Empire 1914–1918«[55] von Martin O'Connor aus dem Jahre 1986. Über diese Literatur hinaus wurden noch weitere Publikationen ausgewertet, die sich mit kleineren Teilaspekten des Luftkrieges an der Ostfront im Ersten Weltkrieg beschäftigen. In dieser Kategorie ist u.a. »The German Giants. The Story of the R-Planes 1914–1919«[56] der beiden britischen Autoren George W. Haddow und Peter M. Grosz zu nennen. Ähnliches gilt für die Biografie »Igor Sikorsky. His Three Careers in Aviation«[57] des Luftfahrthistorikers Frank J. Delear, in der auch die Entwicklung und der Einsatz seiner Konstruktionen im Ersten Weltkrieg Erwähnung finden.

4. Aktueller Forschungsstand und Vorgehensweise

Schon bei oberflächlichen Literaturrecherchen wird deutlich, wie sehr im Vergleich zum Themenkomplex des Zweiten Weltkrieges der des Ersten Weltkrieges und insbesondere der Ostfront von Historikern lange Zeit vernachlässigt wurde[58]. Stattdessen avancierten die Ereignisse an der Westfront von 1914 bis 1918 vielfach

50 Durkota/Darcey/Kulikov, The Imperial Russian Air Service.

51 Blume, The Russian Military Air Fleet.

52 Peter, Die k.u.k. Luftschiffer- und Fliegertruppe.

53 Keimel, Österreichs Luftfahrzeuge.

54 Desoye, Die k.u.k. Luftfahrtruppe.

55 O'Connor, Air Aces.

56 Haddow/Grosz, The German Giants.

57 Delear, Igor Sikorsky.

58 Neben der Reihe des Reichsarchives zum Ersten Weltkrieg bietet vor allem das Werk »The Eastern Front 1914–1917« von Norman Stone einen der wenigen gelungenen Überblicke über dieses Thema, siehe Stone, The Eastern Front.

zum Mittelpunkt historischer Forschung, wohingegen andere Kampfgebiete lediglich als »Nebenkriegsschauplätze« abgehandelt wurden. So ging der osteuropäische Kriegsschauplatz trotz seiner weltgeschichtlichen Nachwirkungen im historischen Gedächtnis derartig unter, dass ein im Jahre 2006 vom Militärgeschichtlichen Forschungsamt herausgegebener Sammelband zu diesem Thema unter dem treffenden Titel »Die vergessene Front«[59] erschien. Im Zuge dieser Nichtbeachtung durch die Historiografie blieben zugleich die Aktivitäten der deutschen, österreichisch-ungarischen und russischen Luftstreitkräfte an dieser Front unerforscht. Ein Grund hierfür dürfte gewesen sein, dass es sich um ein Thema des im Vergleich zum Zweiten Weltkrieg allgemein weniger beachteten Ersten Weltkrieges handelte, das sich zudem noch an der kaum wahrgenommenen Ostfront abspielte und somit durch diese äußerst nachteilige Kombination nicht näher behandelt wurde. Hinzu kamen die sich hervorragend für populärwissenschaftliche Werke eignenden Luftkämpfe an der Westfront mit ihren zahlreichen »Fliegerhelden«, die das Bild des Luftkrieges von 1914 bis 1918 nach wie vor prägen.

Lediglich in der deutschen wie teilweise in der alliierten Luftkriegliteratur der 1920er Jahre fanden die Ereignisse im Osten Europas Eingang. Zwar dominierte bereits hier die Luftkriegführung an der Westfront, doch wurden die fliegerischen Ereignisse im Osten wenigstens nicht vollständig ausgeblendet, sondern knapp dargestellt. Die hier ermittelten Ergebnisse wurden im Verlauf der folgenden Jahrzehnte stets wieder von Historikern ohne Heranziehung weiterer Quellen übernommen, sodass der Forschungsstand der Zwischenkriegszeit im Wesentlichen den »aktuellen« Stand der Forschung darstellt. Darin wird der Luftkrieg an der Ostfront in der Quintessenz vor allem als stets im Schatten der Westfront stehend geschildert. Die Luftstreitkräfte der Mittelmächte im Osten hätten gegenüber ihren Pendants im Westen hinsichtlich Ausstattung, Personal- und Materialersatz stets das Nachsehen und darüber hinaus einen erheblichen technologischen Rückstand gehabt[60]. Zudem hätte aufgrund der bloßen Länge der Front und den durch die mangelhafte Infrastruktur schwierigen Nachschubbedingungen mit den wenigen verfügbaren Fliegerformationen der Einsatz dieser kaum Relevanz entwickelt[61].

Ob diese Behauptungen nach wie vor gelten können oder ob sie differenzierter zu betrachten sind, wird im Folgenden untersucht. Um zunächst einen Überblick über die Ausgangssituation zu Beginn des Krieges zu vermitteln, werden die Luftstreitkräfte des Deutschen Reiches, Österreich-Ungarns sowie des Zarenreiches in ihrer Entwicklung vor und während des Krieges kurz vorgestellt. Auf die Miteinbeziehung von Marinefliegern sowie der ab 1916 marginal beteiligten rumänischen Luftstreitkräfte wird in dieser Arbeit verzichtet. In den weiteren Kapiteln werden dann unter Berücksichtigung des »Raumbegriffes« die militärisch-operative sowie die taktische Dimension des Luftkrieges an der Ostfront beleuchtet, bevor das Gesamtbild mithilfe der Dimensionen »Erfahrungsraum« und »Erinnerungs-/Darstellungsraum« abgerundet wird.

[59] Die vergessene Front.
[60] Kennett, The First Air War, S. 175 f.
[61] Ebd., S. 176; Norman, The Great Air War, S. 166.

II. Die an der Ostfront operierenden Luftstreitkräfte

1. Die Luftstreitkräfte im Deutschen Reich

Die Anfänge der Luftstreitkräfte im Deutschen Reich, die ab 1916 neben den mit Flugzeugen ausgestatteten Einheiten Fesselballons, Luftschiffe, Wetterdienste und Flakeinheiten umfassten, reichen bis ins späte 19. Jahrhundert zurück. Neben Fesselballons für die Aufklärung über dem Gefechtsfeld wurden Luftschiffe seit der Jahrhundertwende im Kaiserreich massiv gefördert. Zusätzlich zu den bekannten Luftschiffen des Typs »Zeppelin« entstanden verschiedene Konstruktionen der Firmen Parseval und Schütte-Lanz, die neben der Aufklärung bedingt durch ihre im Vergleich zu den Vorkriegsflugzeugen höhere Traglast als Bombenträger dienen sollten. Aufgrund des enorm hohen Aufwandes für den Betrieb und den Unterhalt von Luftschiffen standen bei Kriegsbeginn 1914 den deutschen Landstreitkräften nur zwölf zur Verfügung, von denen drei sogar umgerüstete zivile Luftschiffe waren[1].

Im Verlauf des Jahres 1909 beschloss der Große Generalstab die Beschaffung von Flugzeugen zu militärischen Zwecken. Die ersten Offiziere hierfür wurden an der »Provisorischen Militärfliegerschule« in Döberitz ausgebildet, wobei mangels Erfahrungen neben dem bloßen Fliegen noch keine weiteren speziell militärischen Inhalte vermittelt wurden[2]. Rasch fanden sich genügend Bewerber, die das Fliegen erlernen wollten und durch Ereignisse wie die »Prinz-Heinrich-Flüge« und internationale Flugwettbewerbe erwarben sich die Militärpiloten rasch Bekanntheit[3]. Dennoch wurden für die Anschaffung weiterer Maschinen sowie für den Ausbau der für den Flugbetrieb benötigten Infrastruktur vonseiten des preußischen Kriegsministeriums nur begrenzte finanzielle Mittel zur Verfügung gestellt, weshalb wie in anderen europäischen Staaten zu einer nationalen Flugspende aufgerufen wurde. Diese ermöglichte mit einem Gesamtergebnis von über 7,6 Millionen Reichsmark zumindest kurzfristig den Ausbau der Fliegertruppe sowie die Ausbildung zusätzlicher Piloten[4].

---

1 Griehl/Dressel, Zeppelin, S. 79; Morrow, The Great War in the Air, S. 68; Supf, Das Buch der deutschen Fluggeschichte, S. 267.

2 Arndt, Die Fliegerwaffe, S. 312; Dominik, Unsere Luftflotten, S. 29; Die deutschen Luftstreitkräfte, S. 148; Neumann, Die deutschen Luftstreitkräfte, S. 61; Supf, Das Buch der deutschen Fluggeschichte, S. 99.

3 Bülow, Geschichte der Luftwaffe, S. 38; Hoeppner, Deutschlands Krieg in der Luft, S. 2; Neumann, Die deutschen Luftstreitkräfte, S. 59.

4 Chant, The Illustrated History, S. 13; Morrow, Building German Airpower, S. 61; Supf, Das Buch der deutschen Fluggeschichte, S. 13.

Ein weiteres Problem bestand neben zahlreichen Unfällen im anfänglichen Mangel an qualifiziertem Bodenpersonal[5].

Trotz allem erfolgte die erste Manöverteilnahme der noch jungen Fliegertruppe als Aufklärer bereits im Herbst 1911. Bedingt durch die fehlende Erfahrung der Besatzungen hierbei erkannte die Militärführung jedoch noch nicht das Potenzial, das sich aus der Verwendung von Flugzeugen als Erkundungsmittel entwickeln sollte. Trotzdem schritt der Ausbau des anfänglichen »Fliegerkommandos der Luftschiffer-Abteilung der Verkehrstruppen« bis 1914 zu einer Fliegertruppe, die neben sieben Festungsfliegerabteilungen 33 Feldfliegerabteilungen mit einer Sollstärke von je sechs Maschinen umfasste, schnell voran[6]. Hierbei handelte es sich keineswegs um Kampfflugzeuge. Vielmehr wurden Flugzeuge ziviler Bauart wie die bekannte Etrich Taube neben diversen Doppeldeckern für militärische Zwecke übernommen, sodass im August 1914 neben Fesselballons und Luftschiffen rund 240 Flugzeuge mit 254 ausgebildeten Piloten und 271 Beobachtern zur Verfügung standen[7]. Zahlenmäßig hatten die Luftstreitkräfte im Deutschen Reich bei Kriegsbeginn demnach einen durchaus beachtlichen Umfang erreicht[8]. Es sollte sich allerdings schon im August 1914 zeigen, dass sich das vorhandene Material nur teilweise für Kriegseinsätze eignete.

Die Nutzung von Luftfahrzeugen vor dem Ersten Weltkrieg hatte erahnen lassen, dass für sie zunächst die Aufklärung das wesentliche Betätigungsfeld sein würde. Die Masse der Fesselballons, Luftschiffe und Flugzeuge wurden daher den acht Armeeoberkommandos (AOK) sowie den 25 aktiven Armeekorps zugeteilt. Lediglich vier Luftschiffe unterstanden bei Kriegsbeginn direkt der Obersten Heeresleitung (OHL)[9]. Im Gegensatz zur Marine wurden die Fliegertruppen, Luftschifferabteilungen und Flakeinheiten im Kaiserreich im Rahmen der Kontingente von einigen Bundesstaaten gestellt und unterlagen daher 1914 keiner zentralisierten Führung. Den Großteil bildeten königlich-preußische Fliegerformationen, in denen württembergische und sächsische Fliegereinheiten aufgegangen waren, sowie kleinere Kontingente aus Bayern[10]. Die anfangs noch in vier Fliegerbataillonen organisierten Flugzeugverbände wurden im Zuge der Mobilmachung in Feldfliegerabteilungen zu je sechs sowie sieben Festungsfliegerabteilungen zu je vier Maschinen umgeglie-

---

5 Bülow, Geschichte der Luftwaffe, S. 39, 41; Imrie, Pictorial History, S. 20. Allein von 1913 bis zum Kriegsbeginn starben 41 deutsche Militärflieger durch Unfälle, siehe Kens/Müller, Die Flugzeuge, S. 7; Supf, Das Buch der deutschen Fluggeschichte, S. 105.

6 Above the Lines, S. 12; Arndt, Die Fliegerwaffe, S. 314; Bülow, Geschichte der Luftwaffe, S. 42; Hoeppner, Deutschlands Krieg in der Luft, S. 7; Mobilmachung, S. 2.

7 Chant, The Illustrated History, S. 17; Kilduff, Germany's First Air Force, S. 10. Die Anzahl schwankt je nach Autor zwischen 220 und 450 Maschinen im August 1914. Aus den verfügbaren Daten zur Anzahl der Verbände lässt sich jedoch ableiten, dass ein Bestand von rund 240 Maschinen am wahrscheinlichsten ist, auch wenn hiervon nicht alle einsatzbereit gewesen sein dürften, vgl. Barrett, The First War Planes, S. 17; Morrow, Building German Airpower, S. 87.

8 Zum Vergleich verfügten die französische Aéronautique Militaire im August 1914 über 141 und das britische Royal Flying Corps über 83 einsatzbereite Flugzeuge, siehe Morrow, The Great War in the Air, S. 60, 75 f.

9 Above the Lines, S. 12; Neumann, Die deutschen Luftstreitkräfte, S. 19.

10 Potempa, Die Königlich-Bayerische Fliegertruppe, S. 2.

dert[11]. Zur Versorgung dieser Abteilungen mit Material und Personal waren außerdem acht Etappenflugparks und fünf Fliegerersatzabteilungen aufgebaut worden[12]. Organisatorisch waren die Luftstreitkräfte den Verkehrstruppen angegliedert und hatten innerhalb dieser 1913 eine eigene »Inspektion der Fliegertruppen« erhalten. Die Vorgehensweise, die Fliegerformationen im Krieg den Armeekorps zuzuordnen, brachte zwar eine enge Kooperation dieser mit dem jeweiligen Großverband, erschwerte jedoch die Zusammenarbeit mit anderen fliegenden Abteilungen. Des Weiteren bestand noch keine enge Kooperation mit der Luftfahrtindustrie des Reiches, um Neuentwicklungen und Nachschub präzise abstimmen zu können. Als Reaktion auf diese Probleme wurde der Major Hermann von der Lieth-Thomsen (1867–1942) im März 1915 von der OHL zum Feldflugchef ernannt. Er sollte die Luftstreitkräfte organisatorisch zentral überwachen, wozu ihm »Stabsoffiziere der Flieger« als Verbindungsoffiziere in den Armeeoberkommandos zur Seite gestellt wurden[13]. Der wohl wichtigste Schritt erfolgte am 8. Oktober 1916 mit der Ernennung des Generalleutnants Ernst von Hoeppner zum KoGenLuft, da sich die bisherigen Strukturen als nicht ausreichend erwiesen hatten, um eine effektive Führung zu gewährleisten. Zwar bildeten die Luftstreitkräfte keine eigene Teilstreitkraft, doch gelang die Zusammenfassung sämtlicher fliegender Abteilungen, Ersatzabteilungen, Flakeinheiten, Heimatschutzstaffeln, Wetterdienste und die Zusammenarbeit mit der Luftfahrtindustrie, wodurch Nachschub, Umgliederungen und Einsätze von einer Instanz koordiniert werden konnten[14]. Die operative Befehlsgewalt lag hingegen weiterhin bei den jeweiligen Großverbänden.

Wie bei allen anderen Großmächten erlebten die Luftstreitkräfte im Deutschen Reich eine rasante Vergrößerung. Neben Luftschiffen und Fesselballons, die wegen des hohen Fertigungs- und Betriebsaufwandes nur eine untergeordnete Rolle spielten, wurden während des Krieges rund 48 000 Flugzeuge in Dienst gestellt, von denen durch Feindeinwirkung 3128 verloren gingen[15]. Auch der Personalumfang vergrößerte sich ausgehend von den rund 4000 Soldaten stetig und umfasste bei der Kapitulation im Herbst 1918 ca. 80 000 Mann. An der Front blieben die Feldfliegerabteilungen, die ab dem 1. Januar 1917 in Fliegerabteilungen (FA) und Fliegerabteilungen (Artillerie) umgewandelt wurden und deren Zahl bis März 1918 auf 153 anwuchs, das Rückgrat der Luftstreitkräfte[16]. Bis Kriegsende erfolgte zudem die Aufstellung zahlreicher Kampfgeschwader, Jagdstaffeln, Jagdgeschwader und weiterer Formationen.

---

11 Gray/Thetford, German Aircraft, S. IX; Kens/Müller, Die Flugzeuge, S. 8; Supf, Das Buch der deutschen Fluggeschichte, S. 266.

12 Hoeppner, Deutschlands Krieg in der Luft, S. 7; Imrie, Pictorial History, S. 22.

13 Bülow, Geschichte der Luftwaffe, S. 57 f.; Pawlas, Deutsche Flugzeuge, S. 10; Supf, Das Buch der deutschen Fluggeschichte, S. 299.

14 Bülow, Geschichte der Luftwaffe, S. 80; Groehler, Geschichte des Luftkriegs, S. 48; Supf, Das Buch der deutschen Fluggeschichte, S. 313.

15 BArch, PH 9 XV/7, Verluste der deutschen Fliegertruppen (einschl. bayer. Fliegerverbände) vom 2.8.1914 bis 11.11.1918; Kennett, The First Air War, S. 175; Neumann, Die deutschen Luftstreitkräfte, S. 81.

16 Cuneo, Winged Mars, S. 282; Gray/Thetford, German Aircraft, S. XXXVII; Groehler, Geschichte des Luftkriegs, S. 56.

Der Kampf um die Luftüberlegenheit an den Fronten des Ersten Weltkrieges war vor allem an der Westfront maßgeblich von einem technologischen Wettlauf geprägt, der für immer neue Flugzeugkonstruktionen sorgte. Nachdem sich die Ausstattung der deutschen Luftstreitkräfte mit Maschinen ziviler Bauart als allenfalls eingeschränkt fronttauglich erwiesen hatte, wurde rasch mit der Entwicklung von speziell auf Kampfeinsätze ausgelegten Flugzeugen begonnen. Einen erheblichen Vorsprung hatte diesbezüglich die französische Aéronautique Militaire, deren Maschinen sich als robust genug erwiesen und die über die Möglichkeit der Ausstattung mit Maschinengewehren verfügten[17]. Deutsche Konstrukteure begannen daraufhin mit der Entwicklung einiger Typen, die als Mehrzweckflugzeuge zum Rückgrat der Abteilungen werden sollten. Diese als C-Typen bezeichneten Maschinen verfügten gemäß den Anforderungen des Feldflugchefs über eine Bewaffnung mit mehreren Maschinengewehren und konnten sehr vielfältig u.a. als Aufklärer oder leichte Bomber eingesetzt werden. Parallel wurde ab dem Frühjahr 1915 die Entwicklung von leichten Jagdeinsitzern nach französischem Vorbild vorangetrieben. Die deutschen Einsitzer vom Typ Fokker Eindecker avancierten bald zu effektiven Jagdflugzeugen, die durch ein Unterbrechergetriebe, das das Schießen mit einem fest montierten Maschinengewehr durch den Propellerkreis ermöglichte, über einen wesentlichen technologischen Vorteil verfügten[18]. Die Entwicklung weiterer Jagdflugzeuge wurde forciert und brachte bis 1918 eine Vielzahl mitunter hochmoderner Maschinen hervor. Zusätzlich wurden zahlreiche Varianten verschiedener Bomber entwickelt, die jedoch zahlenmäßig nie eine so bedeutende Rolle wie die Mehrzweckmaschinen oder Jagdflugzeuge spielten.

Die Hauptaufgabe der Luftstreitkräfte bestand in der Aufklärung im Nah- und Fernbereich, wobei sich durch die immer größere Anzahl an Flugzeugen in der Luft ab 1915 Luftkämpfe quasi als »Nebenprodukte« von Begegnungen entwickelten. Gegnerische Maschinen sollten naturgemäß zunehmend an der Ausführung ihrer Aufklärungsaufträge gehindert werden, was die Aufstellung erster Kampfeinsitzerkommandos und später von Jagdstaffeln (Jastas) zu je zwölf bis 14 Flugzeugen ab dem Sommer 1916 nach sich zog[19]. Neben der Aufklärung, die gelegentlich auch von Fesselballons oder Luftschiffen übernommen wurde, und der Bekämpfung feindlicher Flugzeuge wurden Maschinen für strategische wie taktische Bombenangriffe oder das direkte Eingreifen in die Kämpfe am Boden eingesetzt.

Die deutschen Luftstreitkräfte verfügten also bereits im zweiten Kriegsjahr über fronttaugliches Material, das ihnen ermöglichte, die eigenen Aufträge durchzuführen und zugleich alliierte Maschinen in der Luft zu bekämpfen. Die Luftfahrtindustrie im Kaiserreich entwickelte ihre Produkte im Wettlauf mit den Alliierten stetig weiter.

---

17 Erblich, Die Landflugzeuge, S. 10; Kens/Müller, Die Flugzeuge, S. 10; Ritter, Der Luftkrieg, S. 21 f.

18 Above the Lines, S. 13; Erblich, Die Landflugzeuge, S. 10; Groehler, Geschichte des Luftkriegs, S. 33.

19 Above the Lines, S. 15; Hoeppner, Deutschlands Krieg in der Luft, S. 85; Morrow, The Great War in the Air, S. 152.

2. Die österreichisch-ungarische Luftfahrtruppe

Die k.u.k. Luftfahrtruppen erreichten trotz des Großmachtsstatus der Doppelmonarchie nie eine vergleichbare Größe wie die der übrigen kriegführenden Mächte in Europa. Weil sie an der Ostfront allerdings oft eng mit deutschen Luftstreitkräften operierten, soll ihre Entwicklung an dieser Stelle skizziert werden.

Neben den seit den 1880er Jahren bestehenden Ballontruppen standen nach einem Beschluss des Reichskriegsministeriums ab 1910 in Österreich-Ungarn Flugzeuge im Dienst des Militärs. Anfangs erfolgte die Pilotenausbildung von Offizieren durch zivile Einrichtungen, die mit Masse in den deutschsprachigen und böhmischen Gebieten des Vielvölkerstaates ansässig waren. Deren Fluglizenzen wurden um eine Feldfliegerprüfung ergänzt, zu der ein Kandidat nach 60 nachgewiesenen Flügen zugelassen werden konnte. Nur nach Bestehen dieser Zusatzprüfung war ein Pilot, im Gegensatz zu den Fliegern im Deutschen Reich, als Militärpilot anzusehen[20]. Erste Verwendungen bei Manövern im Jahre 1911 wie auch die sorgsam beobachtete Nutzung von Flugzeugen durch das damals noch verbündete italienische Militär im Krieg gegen das Osmanische Reich (1911–1912) und während der Balkankriege animierten den Chef des Generalstabes Franz Conrad von Hötzendorf (1852–1925) zu ehrgeizigen Plänen für den Ausbau eigener Luftstreitkräfte. Gemäß seinen Plänen sollten bis 1914 200 Flugzeuge beschafft und 400 Piloten ausgebildet werden[21].

Von Vorteil war hierbei der fortschrittliche Stand der österreichisch-ungarischen Luftfahrtindustrie, deren Maschinen damals mit großen Erfolgen bei europäischen Flugwettbewerben eingesetzt wurden. Auch auf dem Gebiet der militärischen Nutzung waren die Konstrukteure in der Doppelmonarchie mit ihren Ideen anderen Staaten weit voraus. Der Lohner Pfeilflieger wies so bereits 1912 die Anordnung des Piloten vor dem Beobachter auf, die sich erst ab 1915 bei allen kriegführenden Staaten durchsetzen sollte[22]. Außerdem führten österreichisch-ungarische Flugzeugbesatzungen in Zusammenarbeit mit der k.u.k. Artillerie schon im Frühjahr 1914 erste erfolgreiche Versuche der Feuerleitung per Funk durch[23]. Diese vielversprechenden Ansätze wurden aber durch unzureichende Finanzmittel und die fehlenden Kapazitäten der heimischen Flugzeugfabriken zum Teil wieder zunichte gemacht. Zwar befürwortete selbst von Hötzendorf den Aufbau einer Fliegertruppe, doch scheiterte dieser letztendlich am Geldmangel, da große Teile der Militärführung und des Parlaments die Fliegerei als »zweifelhaften Luxus«[24] ansahen. Auch der im Juni 1912 erfolgte Spendenaufruf des Luftflotten-Komitees konnte an der chronischen Unterfinanzierung der Luftstreitkräfte nichts ändern. Das einzige Luftschiff M III ging bei einem Unfall am 20. Juni 1914 verloren, wonach die Entwicklung

---

20 Bülow, Geschichte der Luftwaffe, S. 27; Desoye, Die k.u.k. Luftfahrtruppe, Bd 1, S. 54 f.

21 Desoye, Die k.u.k. Luftfahrtruppe, Bd 1, S. 37; Peter, Die k.u.k.-Luftschiffer- und Fliegertruppe, S. 69.

22 Desoye, Die k.u.k. Luftfahrtruppe, Bd 1, S. 38; Peter, Die k.u.k.-Luftschiffer- und Fliegertruppe, S. 79.

23 Desoye, Die k.u.k. Luftfahrtruppe, Bd 1, S. 57, 68; O'Connor, Air Aces, S. 27.

24 Desoye, Die k.u.k. Luftfahrtruppe, Bd 1, S. 45.

dieser Technologie in Österreich-Ungarn schließlich ganz eingestellt wurde[25]. Bis zur Mobilmachung gelang es daher lediglich, statt der avisierten 90 39 Flugzeuge zu beschaffen sowie 85 statt 120 Feldpiloten auszubilden[26].

Ähnlich wie im Deutschen Reich wurde den Luftstreitkräften der Doppelmonarchie zunächst auf der höheren Führungsebene mit gewissen Ressentiments begegnet, was eine effektive Einbindung in militärische Planungen verhinderte. Anfang 1914 begannen Überlegungen, sämtliche Fliegertruppen und Ballonabteilungen in einem Fliegerregiment zusammenzufassen und dem Oberstleutnant Emil Uzelac (1867–1954) zu unterstellen. Durch diesen Ansatz sollte eine zentrale Leitung der Luftfahrtruppen ermöglicht werden, wohingegen die einzelnen Fliegerkompanien (Flik) und Ballonabteilungen operativ den Armee- und Korpskommandos unterstellt blieben[27]. Zwar gelang die vollständige Aufstellung des Fliegerregiments vor Kriegsbeginn nicht mehr, doch konnte die organisatorische Struktur umgesetzt werden, wobei im Frühjahr 1915 mit den Fliegergruppenkommandos eine neue Zwischenebene zur besseren Führung der weitläufig verteilten Flik geschaffen wurde[28]. Die Flik bildeten bis Kriegsende die wichtigste Organisationseinheit der Luftfahrtruppen, die jeweils sechs einsatzbereite Flugzeuge, zwei Reservemaschinen und bis zu 160 Mann an Personal umfassen sollten[29]. Für den Ersatz an Personal und Material sorgten diverse Fliegeretappenparks und Fliegerersatzkompanien, zusätzlich wurden die staatlichen Wetterdienste bei Kriegsbeginn den Fliegertruppen unterstellt. Von den bis dato insgesamt 13 bestehenden Flik konnten neun gleich an die Front entsandt werden, von denen sieben im Osten eingesetzt wurden[30].

Die bei Kriegsbeginn verfügbaren Flugzeuge wurden durch 40 requirierte Maschinen ergänzt und die Ballons des Aëro-Clubs vom Militär übernommen. Die zivilen Fluggeräte erwiesen sich bald überwiegend als frontuntauglich, sodass die Flik im Dezember 1914 fast ohne einsatzbereites Material dastanden[31]. Zusätzlich waren kaum ausgebildete Beobachter verfügbar, weshalb hierfür geeignet scheinende Offiziere aus der Truppe ohne Ausbildung ausgewählt wurden. Mithilfe von Lieferungen aus dem Deutschen Reich und der Steigerung der eigenen Produktion, die für den gesamten Krieg bei rund 5400 Flugzeugen lag, gelang es der k.u.k. Armee, die Anzahl der Flik von neun im August 1914 auf 16 Anfang 1915 zu erhö-

---

25 Ebd., S. 81.

26 Ebd., S. 82; Morrow, Building German Airpower, S. 113; O'Connor, Air Aces, S. 258.

27 Morrow, The Great War in the Air, S. 45 f.; Peter, Die k.u.k.-Luftschiffer- und Fliegertruppe, S. 95, 115. Außerhalb dieser Gliederung gab es erhebliche Probleme zwischen militärischen und zivilen Dienststellen hinsichtlich Kompetenzen bei der Beschaffung von Rüstungsgütern, siehe O'Connor, Air Aces, S. 8.

28 Desoye, Die k.u.k. Luftfahrtruppe, Bd 1, S. 92; O'Connor, Air Aces, S. 259.

29 Arndt, Der Luftkrieg, S. 540; Hauke/Schroeder/Tötschinger, Die Flugzeuge der k.u.k. Luftfahrtruppe, S. 138; O'Connor, Air Aces, S. 258.

30 Desoye, Die k.u.k. Luftfahrtruppe, Bd 1, S. 82; Peter, Die k.u.k.-Luftschiffer- und Fliegertruppe, S. 115. Im Einsatz an der Ostfront befanden sich die Flik 1, 5, 7, 8, 10, 11 und 14, siehe Die Tätigkeit der österr.-ung. Luftstreitkräfte, S. 2.

31 Desoye, Die k.u.k. Luftfahrtruppe, Bd 1, S. 91; Peter, Die k.u.k.-Luftschiffer- und Fliegertruppe, S. 119.

hen, von denen 14 an der Front dienten[32]. Diese Anzahl erhöhte sich stetig weiter, bis im Juni 1918 77 Flik, 27 Ballonkompanien und vier Bombenfluggeschwader mit insgesamt rund 40 000 Mann existierten, von denen aber laut Peter keine über mehr als 60 Prozent ihrer Sollstärke verfügte[33]. Dies führte dazu, dass an den insgesamt drei Fronten, an denen die k.u.k. Armeen kämpften, zusammen nie mehr als 500 Maschinen gleichzeitig einsatzbereit waren und z.B. die Zusammenfassung mehrerer Flik in Geschwader nur schwerlich möglich war. An der Ostfront gingen bis 1918 rund 110 Maschinen aus verschiedenen Gründen verloren, von denen einige Maschinen auf eigenem Gebiet landen und repariert werden konnten[34]. Trotz der vor 1914 innovativen Luftfahrttechnik und fortschrittlichen Ansätzen zur zentralen Führung der Fliegertruppen blieben die Luftstreitkräfte der k.u.k.-Monarchie gemessen am Großmachtstatus des Landes weit hinter den Erwartungen zurück.

Die Schwäche der k.u.k-Monarchie, den Bedarf für die eigenen Fliegertruppen ausreichend zu decken, machte umfangreiche Hilfen aus dem Deutschen Reich notwendig, sodass vielfach ähnliche Flugzeugtypen bei beiden Luftstreitkräften verwendet wurden. Die schnell durchgeführte Requirierung sämtlicher in der Doppelmonarchie verfügbarer Maschinen bei Kriegsbeginn sorgte anfangs für eine sehr uneinheitliche Ausstattung der k.u.k. Luftfahrtruppen. Erst als die hohen Ausfälle der ersten Kriegsmonate Ersatz in großem Umfang notwendig machten, gelang es, zumindest einige Flik einheitlich auszustatten. Dennoch waren bis zu vier verschiedene Flugzeugtypen in einer Einheit auch 1916 noch anzutreffen[35]. Neben einigen Typen der österreichisch-ungarischen Firmen Hansa-Brandenburg, Lohner, Lloyd oder Phoenix wurden je nach Verfügbarkeit Maschinen aus dem Deutschen Reich importiert oder in Lizenz gefertigt[36]. Bedingt durch die Schwäche der zarischen und serbischen Luftstreitkräfte wurden die modernsten Maschinen an der Front gegen Italien konzentriert, wo sie mit Masse französischen und britischen Flugzeugen gegenüberstanden. So wurden beispielsweise Maschinen vom Typ Albatros B. I, die von den deutschen Verbündeten bereits 1915 von den Fronten abgezogen worden waren, bei den Flik im Osten noch Ende 1916 eingesetzt[37].

Ähnlich wie im Deutschen Reich dienten die Fliegereinheiten mangels einer einheitlichen Luftkriegsdoktrin anfangs noch keiner spezialisierten Art der Luftkriegführung, sondern übernahmen neben der Aufklärung ebenfalls die Artilleriebeobachtung, Erdkampfeinsätze oder Bombermissionen. Analog zum

[32] Von diesen 14 Einheiten waren zehn an der Ostfront eingesetzt, siehe Desoye, Die k.u.k. Luftfahrtruppe, Bd 1, S. 85. Ihren zahlenmäßigen Höchststand im Osten erreichten die k.u.k. Luftfahrtruppen im Juni 1917 mit 23 Flik, siehe Blume, The Russian Military Air Fleet, Bd 1, S. 244.

[33] Baur, Wir Flieger, S. 9; Peter, Die k.u.k.-Luftschiffer- und Fliegertruppe, S. 241.

[34] Blume, The Russian Military Air Fleet, Bd 2, S. 10–156. Die Auswertung der durchaus sorgfältig recherchierten Listen Blumes ergab für die k.u.k. Luftfahrtruppe personelle Verluste von rund 40 Toten und etwa 100 Kriegsgefangenen vom Kriegsbeginn bis Ende 1917.

[35] Meindl, Luftsiege der k.u.k. Luftfahrtruppen, S. 16.

[36] Arndt, Die Fliegerwaffe, S. 364; Morrow, The Great War in the Air, S. 84; Mühsam, Unsere Flieger, S. 91.

[37] Blume, The Russian Military Air Fleet, Bd 2, S. 41; Meindl, Luftsiege der k.u.k. Luftfahrtruppen, S. 29, 31.

deutschen Pendant zeichnete sich daher auch bei den k.u.k. Luftfahrtruppen erst während des Krieges eine Spezialisierung bestimmter Fliegerkompanien auf einzelne Aufgaben ab. Zusätzlich wurden neben den Flik in geringem Umfang spezialisierte Jagdeinheiten und Bomberverbände aufgestellt. Der Umfang derartiger Einheiten hielt sich jedoch hauptsächlich wegen des Flugzeugmangels in engen Grenzen, weshalb von den einzelnen Besatzungen weiterhin ein breit gefächertes Aufgabenspektrum erwartet wurde[38].

Insgesamt verfügten die k.u.k. Luftfahrtruppen bei Kriegsbeginn zwar über durchaus moderne Maschinen und strukturelle Ansätze, die aber angesichts der fehlenden Fertigungskapazitäten, Personalmangel und immer knapper werdenden Rohstoffen nie die erhoffte Wirkung zeigten.

3. Die zarische Fliegertruppe

Erste ernsthafte Versuche, Luftfahrzeuge für militärische Zwecke zu nutzen, begannen in Russland schon 1885 mit ersten Flugversuchen mit Ballons[39]. Neben Ballon- und Luftschiffabteilungen, die vornehmlich der Erkundung dienen sollten, startete die Militärfliegerei mit Flugzeugen Ende 1910 mit der Indienststellung der ersten sechs Maschinen. Diese waren zuvor durch ein Komitee luftfahrtbegeisterter Offiziere aus Frankreich beschafft worden. Trotz der eher kritischen Haltung des Kriegsministers Vladimir Suchomlinov (1848–1926) setzten sich die Befürworter für die Anschaffung weiterer Maschinen schließlich durch[40]. Schnell entwickelte sich die zarische Fliegertruppe aus dem bestehenden Kern weiter und die vorhandenen Flugzeuge nahmen 1911 an den groß angelegten Herbstmanövern der Armee teil. Von Nachteil war hierbei die nur schwach ausgeprägte Industrie des Zarenreiches, die es notwendig machte, Flugzeuge aus Frankreich oder anderen europäischen Staaten zu importieren.

Erste Kampferfahrungen sammelten russische Flieger im Balkankrieg 1912, als dort aufseiten der Bulgaren eine Freiwilligentruppe eingesetzt wurde[41]. Im Jahr darauf bezog der Generalstab den Einsatz von Fliegern zu Aufklärungszwecken bereits voll in die Planungen im Falle eines Krieges mit ein. Doch finanzielle Probleme ließen eine vollständige Realisierung der hochtrabenden Planungen des Generalstabes nicht zu, woran auch eine nationale Flugspende nur wenig ändern konnte. Dennoch gelang es, bis Kriegsbeginn rund 230 Flugzeuge, zwölf Luftschiffe und 46 Fesselballons zu unterhalten, was auf dem Papier in etwa mit der Fliegertruppe im Deutschen Reich vergleichbar war[42]. Doch lediglich ein geringer Teil war tatsächlich einsatz-

38 Hauke/Schroeder/Tötschinger, Die Flugzeuge der k.u.k. Luftfahrtruppe, S. 138 f.

39 Blume, The Russian Military Air Fleet, Bd 1, S. 15; Durkota/Darcey/Kulikov, The Imperial Russian Air Service, S. 2.

40 Blume, The Russian Military Air Fleet, Bd 1, S. 31; Jones, The Birth of the Russian Air Weapon, S. 169; Morrow, The Great War in the Air, S. 24.

41 Blume, The Russian Military Air Fleet, Bd 1, S. 73; Duz, Istorija, S. 9.

42 Jones, The Birth of the Russian Air Weapon, S. 171; Nowarra/Duval, Russian Civil and Military Aircraft, S. 33.

bereit, geschweige denn für den Frontbetrieb robust genug ausgelegt. Außerdem bestand die Flotte, die in 40 Abteilungen unterteilt war, aus 16 unterschiedlichen Typen meist französischer Bauart[43]. Nachteilig war auch die äußerst dürftige Schulung von Piloten und Bodenpersonal und die Industrie des Zarenreiches, die keine schnelle Einrichtung einer Massenproduktion erlaubte. Erwähnenswert waren unter den im eigenen Land konstruierten Flugzeugen lediglich die Bomber vom Typ »Ilja Muromez« des später in die USA emigrierten Konstrukteurs Igor Sikorsky (1889–1972), welche die ersten viermotorigen Flugzeuge der Welt darstellten. Mit diesen Maschinen besaßen die russischen Luftstreitkräfte ein hochmodernes Flugzeug, dessen Potenzial sie aber noch nicht erkannten[44]. Ganzheitlich betrachtet stellte die zarische Fliegertruppe 1914 trotz ihrer zahlenmäßigen Größe de facto nur eine Streitmacht mit einem geringem Kampfwert dar[45]. Diese Tatsache steht interessanterweise den Einschätzungen des deutschen Generalstabes aus dem Mai 1914 entgegen, gemäß der Russland im Begriff war, »sich auf dem Gebiete des Flugwesens den dritten Platz unter den europäischen Großmächten zu erobern«[46]. Die Masse der Flugzeuge war aber bei Kriegsbeginn schon veraltet, viele Piloten unzureichend ausgebildet und mit der Abhängigkeit vom Ausland war schon früh eine Achillesferse vorhanden, deren volles Ausmaß sich erst im Krieg zeigen sollte.

Die vorhandenen Luftschifferabteilungen mit ihren insgesamt 46 Fesselballons waren bei ihrer Aufstellung Armeekorps oder Festungen zugeordnet worden. Während des Krieges wurden insgesamt rund 700 Ballons eingesetzt, von denen 138 verloren gingen. Gegnerischen Flugzeugen fielen hierbei knapp 80 zum Opfer, wobei rund 45 Ballons allein von Juni bis August 1917 abgeschossen oder am Boden zerstört wurden[47]. Analog zu den Balloneinheiten gestaltete sich die Organisation bei der bis 1912 den Ingenieurstruppen angegliederten Fliegertruppe, bis diese wegen der Erkenntnis der Vorzüge von Flugzeugen organisatorisch einer Abteilung des Generalstabes unterstellt wurde. Die vorhandenen Flugzeuge waren 1914 in Korps- bzw. Armeefliegerabteilungen zu je sechs bis acht Maschinen aufgeteilt, von denen jedoch keine vollständig einsatzbereit war[48]. Die ihnen zugedachten Aufgaben ähnelten den Planungen der übrigen Großmächte, wobei neben der Aufklärung auch die Kommunikation zwischen den Armeen übernommen werden sollte[49]. Die

43 Blume, Air War East, S. 133; Duz, Istorija, S. 9; Eisenlohr, Flugwesen, S. 21; Jones, The Birth of the Russian Air Weapon, S. 170; Kilmarx, A History of Soviet Air Power, S. 7; Nowarra/Duval, Russian Civil and Military Aircraft, S. 31.

44 Borreiter, Die Entwicklung, S. 12; Cooper, The Story, S. 16; Delear, Igor Sikorsky, S. 77–79; Kilmarx, A History of Soviet Air Power, S. 16; Roustam-Bek, Aerial Russia, S. 21.

45 Cuneo, Winged Mars, S. 129; Durkota/Darcey/Kulikov, The Imperial Russian Air Service, S. 4; Jones, The Birth of the Russian Air Weapon, S. 171; Kilmarx, A History of Soviet Air Power, S. 12; Oertel, Die russischen Flieger, S. 362.

46 BArch, PH 3/241, Das Luftfahrtwesen in der russischen Armee (Berlin, den 5.5.1914).

47 Blume, The Russian Military Air Fleet, Bd 1, S. 279; Christopher, Balloons, S. 65; Duz, Istorija, S. 115 f.; Blume, The Russian Military Air Fleet, Bd 2, S. 199–261.

48 BArch, PH 3/241, Das Luftfahrtwesen in der russischen Armee (Berlin, den 5.5.1914); Boyd, The Soviet Air Force, S. 1; Cornish, The Russian Army, S. 16; Jones, The Birth of the Russian Air Weapon, S. 171; Kulikov/Blume, Chronicle, S. 149.

49 Blume, The Russian Military Air Fleet, Bd 1, S. 111; Kulikov, Morane-Saulnier Type G, S. 34; Morrow, The Great War in the Air, S. 81.

Armeefliegerabteilungen sollten gemäß deutschen Erkenntnissen vornehmlich operative Fernaufklärung betreiben und die Korpsfliegerabteilungen mit der taktischen Nahaufklärung oder Bombenangriffen betraut werden[50]. Ab Juni 1916 wurden die Korps- und Armeefliegerabteilungen durch Jagdfliegereinheiten ergänzt, doch blieben sie analog zu den deutschen Fliegerabteilungen das Rückgrat der Luftstreitkräfte. Eine Sonderrolle innerhalb der Luftstreitkräfte nahm ein seit Februar 1915 operierender Großverband viermotoriger Bomber vom Typ »Ilja Muromez« ein, der während des gesamten Krieges dem Hauptquartier der Zarenarmee, der Stawka, direkt unterstellt blieb[51].

Die erste Phase der Einsätze gegen die Mittelmächte war vor allem von hohen Verlusten geprägt. Durch Unfälle, Feindbeschuss, »friendly fire« und überhastete Rückzüge verloren die russischen Streitkräfte an der Front allein im August 1914 18 und bis Ende des Jahres sogar 146 Maschinen, wobei die noch vor dem Krieg bestellten Flugzeuge gar nicht oder erst mit großer Verzögerung geliefert werden konnten[52]. Trotzdem gelang es, die Zahl der Flugzeuge und Fliegereinheiten stetig zu erhöhen, sodass ihre Zahl im September 1916 716 betrug, von denen 401 tatsächlich flugfähig waren. Aufklärungsflüge der Mittelmächte ergaben im August 1916, dass die Anzahl im unmittelbaren Kampfgebiet bei lediglich ca. 230 auf rund 60 verschiedenen Flugplätzen lag[53]. Den quantitativen Höhepunkt erreichten die russischen Luftstreitkräfte im Juni 1917 mit 1031 Flugzeugen[54]. Von dieser beeindruckenden Zahl waren allerdings nur 581 tatsächlich startbereit, für die im Gegenzug auch nur rund 500 Piloten verfügbar waren[55]. Zur Kerenski-Offensive im Juli 1917 standen im betroffenen Frontabschnitt nicht einmal 100 einsatzbereite Flugzeuge zur Verfügung, denen mehr als doppelt so viele Maschinen der Mittelmächte gegenüberstanden[56].

Im Januar 1915 wurde der Großfürst Alexander Romanov (1866–1933) zum Kommandeur aller Flieger ernannt, dem wiederum Verbindungsoffiziere in den einzelnen Armeekorps unterstanden. Doch ermöglichte diese Struktur weder eine ausreichende Koordinierung der Einsätze noch eine enge Zusammenarbeit der Armee mit den heimischen Flugzeugproduzenten[57]. Die im Vorfeld des Ersten Weltkrieges

---

50 BayHStA, ILuft 36/13, Kriegsgliederung und Kräfteverteilung der russischen Fliefgertruppe [sic!] nach dem Stande vom 15.4.1917, S. 2.

51 Blume, Air War East, S. 135; Delear, Igor Sikorsky, S. 78; Meos, The Russian Giants, S. 174; Nowarra/Duval, Russian Civil and Military Aircraft, S. 34.

52 Blume, The Russian Military Air Fleet, Bd 2, S. 162–164; Durkota/Darcey/Kulikov, The Imperial Russian Air Service, S. 5; Jones, The Birth of the Russian Air Weapon, S. 171; Kulikov, Alexander Kozakow, S. 571.

53 BayHStA, ILuft 89, Kriegsgliederung der feindlichen Luftstreitkräfte an der West- Ost- und Südost-Front, Anlage 2.) Feindliche Flughäfen an der Westfront, Ostfront und am Balkan nach dem Stand vom 12.8.16, S. 46. Ähnliche Berichte vom April 1917 sprechen von etwa 300 russischen Flugzeugen auf rund 50 Frontflugplätzen, siehe BayHStA, ILuft 36/13, Kriegsgliederung und Kräfteverteilung der russischen Fliefgertruppe [sic!] nach dem Stande vom 15.4.1917, S. 5.

54 Kilmarx, A History of Soviet Air Power, S. 18; Nowarra/Duval, Russian Civil and Military Aircraft, S. 49, 51.

55 Kilmarx, A History of Soviet Air Power, S. 19.

56 Blume, The Russian Military Air Fleet, Bd 1, S. 244; Nachrichtenblatt der Luftstreitkräfte, 1 (2.8.1917), 22, S. 122.

57 LeGras, Mémoires, S. 172; Alexander, Einst war ich ein Grossfürst, S. 269.

eng verknüpften europäischen Luftfahrtindustrien kooperierten vielfach über Bündnisgrenzen hinweg, weshalb sich 1914, wenn auch in geringem Ausmaß, selbst Maschinen deutscher oder österreichisch-ungarischer Bauart im Zarenreich befanden. Den Hauptanteil der Luftstreitkräfte machten verschiedene Typen der Firmen Nieuport, Blériot oder Farman aus, die entweder importiert oder in meist minderer Qualität in Russland in Lizenz gebaut wurden[58]. Während des Krieges wurden von den Alliierten hauptsächlich Maschinen der Firmen Spad, Farman, Morane oder Nieuport an die zarischen Verbündeten geliefert, die den Einsatzbedingungen der Westfront nicht oder nicht mehr gewachsen waren[59]. In anderen Fällen wurden zwar moderne Maschinen, wie Nieuport XVII, XXI oder XXIII geliefert, die aber wegen der katastrophalen logistischen Lage nach ihrer Ankunft in Russland erst rund ein Jahr später an der Front eintrafen und dann schon teilweise als veraltet galten[60]. Neben den Konstruktionen Sikorskys gab es nur wenige russische Flugzeughersteller wie Anatra oder Lebedev, die eigene einsetzbare Konstruktionen entwickelten. Zusätzlich standen 100 bis 150 Beuteflugzeuge in zarischen Diensten, mit denen sogar ganze Abteilungen ausgerüstet wurden[61]. Verheerend erwies sich diese Situation mit Hinblick auf Ersatzteile. Hierunter litt die Wartung der Maschinen im Laufe des Krieges immer mehr, wobei in Russland selbst hergestellte Ersatzteile oft nicht den technischen Ansprüchen genügten. Besonders nach der Abdankung des Zaren am 15. März 1917 und dem daraufhin einsetzenden Zusammenbruch der heimischen Industrie stiegen die bereits zuvor katastrophal hohen Verluste durch technisch bedingte Unfälle. Allein vom Mai bis August des Jahres gingen so 48 Maschinen im Vergleich zu 68 feindbedingten Ausfällen verloren[62]. Gerade im Zuge der letzten russischen Offensive wurden die Luftstreitkräfte massiv geschwächt und konnten die im Luftraum über dem Südabschnitt der Front im Frühsommer erzielten Erfolge nicht ausnutzen. Des Weiteren blieb während des gesamten Krieges ein eklatanter Mangel an geeignetem Ausbildungs- und Bodenpersonal bestehen[63]. Die vor dem Krieg ent-

58 Cooper, The Story, S. 16; Kilmarx, A History of Soviet Air Power, S. 15–18; Kulikov, Nieuport 17/23, S. 31; Morrow, Building German Airpower, S. 55; Oertel, Die russischen Flieger, S. 362.

59 BArch, PH 5/490, Akten des Ballon-Abwehr-Kanonen-Zugs I, Feld-Art.-Reg. 47, Aussagen gefangener russischer Flieger vom 17.6.16; Kilmarx, A History of Soviet Air Power, S. 18; Kulikov/Blume, Chronicle, S. 151; Oertel, Die russischen Flieger, S. 362; Nachrichtenblatt der Luftstreitkräfte, 1 (12.4.1917), 7, S. 11.

60 Blume, Air War East, S. 133; Blume, The Russian Military Air Fleet, Bd 1, S. 267; Cain, Flying, S. 310; Kilmarx, A History of Soviet Air Power, S. 18; Kulikov, Nieuport 17/23, S. 29; Nowarra/Duval, Russian Civil and Military Aircraft, S. 49.

61 Aleksandrov/Petrov, Captured Central Powers' Aeroplanes, S. 6; Cornish, The Russian Army, S. 17; Norman, The Great Air War, S. 168. Den hohen Stellenwert, der erbeuteten Kampfflugzeugen der Mittelmächte zugerechnet wurde, beweist ein deutscher Bericht, aus dem hervorgeht, dass die Verteilung von Beutemaschinen durch den kommandierenden Großfürsten persönlich entschieden wurde, siehe BayHStA, ILuft 36/13, Kriegsgliederung und Kräfteverteilung der russischen Fliefgertruppe [sic!] nach dem Stande vom 15.4.1917, S. 9.

62 Blume, The Russian Military Air Fleet, Bd 2, S. 219–249.

63 Borreiter, Die Entwicklung, S. 18; Cain, Flying, S. 308; Chant, The Illustrated History, S. 66; Durkota/Darcey/Kulikov, The Imperial Russian Air Service, S. 3, 5. In Ermangelung an eigenem Bodenpersonal wurden sogar Kriegsgefangene dazu angeworben, in den Fliegerschulen des Zarenreiches Wartungsaufgaben zu übernehmen, um im Gegenzug nicht in den Gefangenenlagern untergebracht zu werden, vgl. Cain, Flying, 310; Kennett, The First Air War, S. 178.

standene Abhängigkeit von ausländischen Flugzeug- und Motorenlieferungen verschärfte die Lage zusätzlich, da durch die geografische Lage Russlands weder über dem direkten Landweg noch durch das Mittelmeer Lieferungen erfolgen konnten und diese daher langwierig über Murmansk oder Sibirien transportiert werden mussten.

Neben Problemen mit Ausstattung und Logistik traten während des Krieges noch weitere Schwierigkeiten. Bis ins Jahr 1915 hinein wurde den Fliegermeldungen vonseiten höherer Kommandeure kaum Glauben geschenkt, wodurch z.B. die deutschen Offensivvorbereitungen im April 1915 in Galizien nicht erkannt wurden[64]. Stattdessen wurden Flugzeuge oft zur Kommunikation von Stäben untereinander benutzt und konnten ihren eigentlichen Erkundungsaufgaben daher nicht nachkommen[65]. Außerdem flogen Angehörige der zarischen Luftstreitkräfte weniger Einsätze als ihre Kameraden aufseiten der Mittelmächte[66]. Die Idee zur Nutzung von Flugzeugen zu Artilleriebeobachtungszwecken kam zwar auch im Zarenreich ab 1915 auf, doch machte sich hier erneut ein eklatanter Mangel an ausgebildetem Personal bemerkbar, was Vorhaben in dieser Hinsicht weitgehend erschwerte. Hinzu kam, dass ein Großteil der zarischen Artillerieflieger die Verständigung mit den schießenden Batterien mithilfe optischer Signale sicherstellen musste und nur wenige mit Funkgeräten ausgestattet waren[67]. Allenfalls die wenigen ab Ende 1916 einsatzbereiten Jagdfliegerverbände mit je 36 relativ modernen Jagdflugzeugen stellten neben dem Bombergeschwader eine durchaus moderne Komponente der Luftstreitkräfte dar. Gleichzeitig litten diese vier Jagdeinheiten unter den allgemein schwierigen Bedingungen und ihrer geringen Anzahl entlang der weitläufigen Front, was größere Erfolge unmöglich machte[68].

Die russischen Luftstreitkräfte des Ersten Weltkrieges waren abseits ihrer ineffektiven Organisation und Personalmangel vor allem wegen ihrer über weite Strecken des Konflikts unzureichenden Ausstattung an Personal und Material stark eingeschränkt, woran auch Austauschprogramme und Entsendungen einiger französischer und britischer Staffeln ab dem Herbst 1916 nichts ändern konnten. Die Summe all dieser Probleme ergab, dass die russischen Luftstreitkräfte nie ihre geplante Einsatzstärke erreichten und die verfügbaren Einheiten durch mangelhafte Koordinierung, Wartung und Ausstattung in der Regel hinter den Erwartungen zurückblieben.

---

64 Jones, The Birth of the Russian Air Weapon, S. 171; Nowarra/Duval, Russian Civil and Military Aircraft, S. 33; Russian Defeat, S. 493; Alexander, Einst war ich ein Grossfürst, S. 270.

65 Blume, The Russian Military Air Fleet, Bd 1, S. 111; Kulikov, Morane Saulnier Type G, S. 34; Loewenstern, Der Frontflieger, S. 35; Morrow, The Great War in the Air, S. 81; Russian Defeat, S. 493.

66 Durkota/Darcey/Kulikov, The Imperial Russian Air Service, S. 8; Norman, The Great Air War, S. 167. Statistisch gesehen flogen russische Besatzungen im Jahre 1915 nur fünf Flüge pro Monat, siehe Blume, The Russian Military Air Fleet, Bd 1, S. 172.

67 Nachrichtenblatt der Luftstreitkräfte, 1 (11.10.1917), 33, S. 305.

68 Blume, Air War East, S. 52; Coupar, The Smirnoff Story, S. 27; Gurko, Russland, S. 117; Kilmarx, A History of Soviet Air Power, S. 13, 21; Kulikov, Russian Two-Seat Nieuports, S. 26; LeGras, Mémoires, S. 281.

III. Osteuropa als militärisch-operativer »Raum« für den Luftkrieg

1. Die geografischen Voraussetzungen für den Luftkrieg im Osten

Für Luftstreitkräfte, die den Vorteil mit sich bringen, große Räume rasch überwinden zu können, spielen die Gegebenheiten, über denen sie operieren, eine wichtige Rolle. Das Einsatzgebiet an der Ostfront im Ersten Weltkrieg erstreckte sich über eine Distanz von 1000 bis 1700 Kilometer zwischen der Ostsee und dem Schwarzen Meer, was allein schon durch die Länge der Front einen erheblich größeren Raum für Luftkriegsoperationen als im Westen mit sich brachte.

Die ersten Kampfhandlungen an der Ostfront ereigneten sich Ende August 1914 im seenreichen und teilweise dicht bewaldeten Ostpreußen sowie in den Weiten des österreichisch-ungarischen Kronlandes der Königreiche Galizien und Lodomerien. Diese Region war im Gegensatz zu Ostpreußen weitgehend nur dünn besiedelt und im Landschaftsbild von Steppen, Heide- und Waldflächen dominiert[1]. Bis zum Friedensschluss von Brest-Litowsk am 3. März 1918 verschob sich die Frontlinie durch große Offensiven und kleinere Vorstöße stetig nach Osten. Im Süden der Ostfront wurden schon vor dem Kriegseintritt Rumäniens am 27. August 1916 aufseiten der Entente die Karpaten mit ihren steilen und dicht bewaldeten Gipfeln zum Frontgebiet. Nördlich davon spielten sich die Gefechte zu Beginn des Jahres 1915 vornehmlich in den unübersichtlichen Gebieten entlang der Weichsel im Raum zwischen Warschau und Ivangorod ab. Im nördlichen Frontabschnitt gelang es den deutschen Truppen erst nach mehreren abgewehrten feindlichen Offensiven im Winter 1914/15, die Gebiete des Deutschen Reiches vollkommen von den Gegnern zu befreien[2]. Weitere größere Verschiebungen der Frontlinie im Bereich nordöstlich und östlich von Ostpreußen gab es bis auf die Einnahme Kurlands zunächst nicht, da die Front hier zugunsten größerer Offensiven im südlichen und mittleren Frontsektor beinahe erstarrt war[3].

Die großen Offensiven der Mittelmächte im Frühjahr und Sommer 1915 unter Führung des Generalfeldmarschalls August von Mackensen (1849–1945) veranlass-

---

1 Arndt, Der Luftkrieg, S. 643; BArch, PH 3/128, Großer Generalstab. Mitteilungen über russische Taktik, S. 33–35; Die Kriegführung im Frühjahr 1917, S. 477; Rohden, Vom Luftkriege, S. 9.

2 BArch, RL 2 IV/284, Die Luftwaffe während des Feldzuges in Polen im Herbst 1914 (September bis Dezember 1914); Liulevicius, Kriegsland, S. 28; Stone, The Eastern Front, S. 118 f.; Strachan, Die Ostfront, S. 18, 21.

3 Liulevicius, Kriegsland, S. 28 f.; Stone, The Eastern Front, S. 185 f.; Tschischwitz, Armee, S. 9.

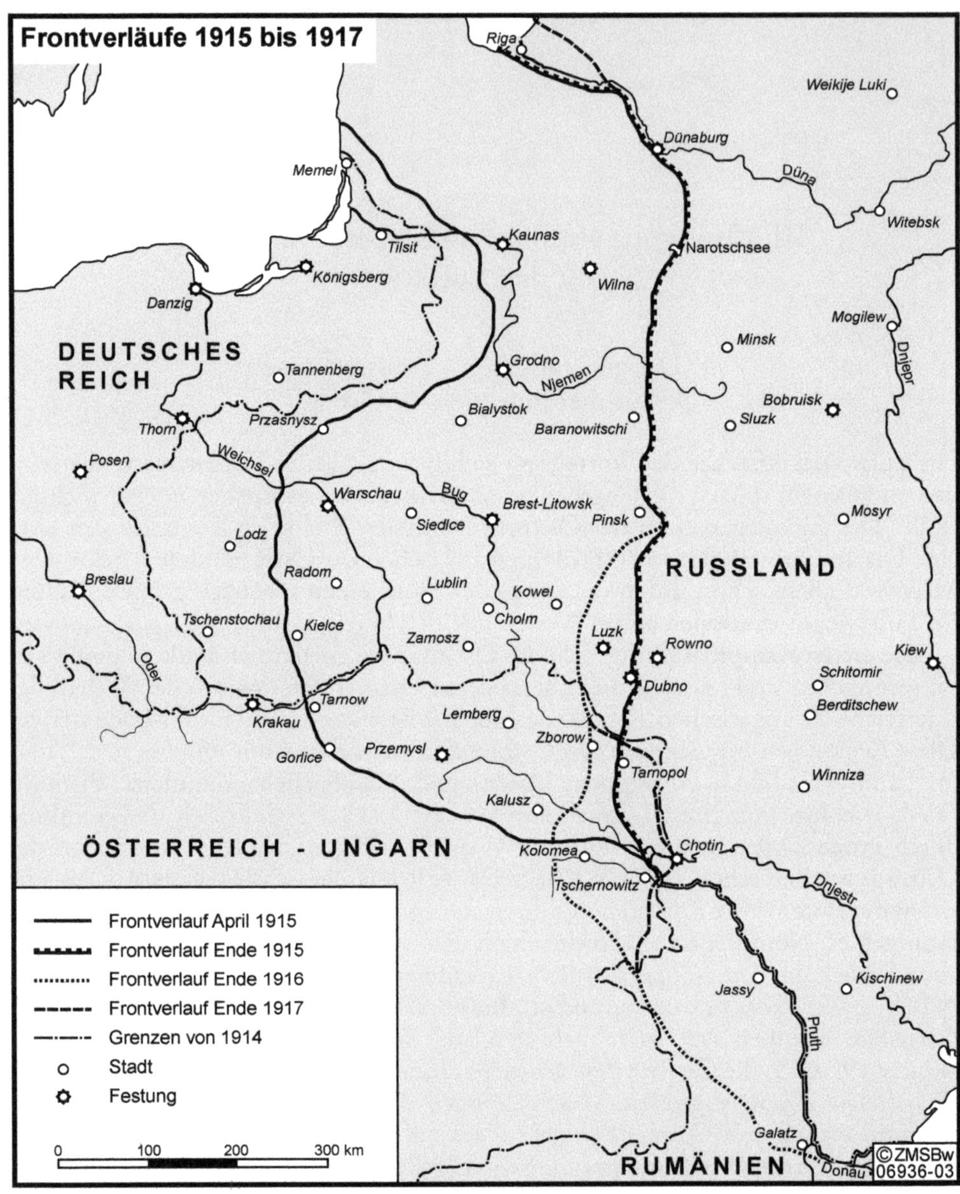

ten die russischen Truppen, sich über eine Distanz von nahezu 200 Kilometern nach Osten zurückzuziehen und erst auf der Linie Bialystok–Brest-Litowsk–Kholm wieder zum Stehen zu kommen[4]. Das hier für die Flieger vorherrschende Einsatzgebiet im Zentrum der Mittelmächte war durch riesige Sümpfe, Moore und Waldflächen

4 Stone, The Eastern Front, S. 172, 182–184; Strachan, Die Ostfront, S. 22; Willmot, Der Erste Weltkrieg, S. 116–118.

geprägt, die sich östlich und südlich der Festung Brest-Litowsk über eine Distanz von über 100 Kilometern ausbreiteten und keineswegs ein ideales Gebiet für Kampfhandlungen boten[5]. Dennoch gelang trotz dieser Widrigkeiten bis zum Waffenstillstand der schrittweise Vormarsch durch diese kaum bewohnten Gebiete. Im Norden der Ostfront erreichten deutsche Truppen in ihren Offensiven ab 1917 das Baltikum und nahmen die strategisch wichtigen Städte Dünaburg, Riga und Dünamünde sowie im Herbst 1917 die baltischen Inseln ein, sodass sie auch den gesamten Rigaischen Meerbusen kontrollierten[6]. Die weiten Vorstöße deutscher und k.u.k. Truppen im Frühjahr 1918 im nördlichen und südlichen Frontabschnitt dehnten das Kampfgebiet und damit die Versorgungswege besonders während des sich über fast 1000 Kilometer erstreckenden Vorstoßes im Raum der heutigen Ukraine noch einmal massiv auf weitgehend unbekanntem Terrain aus[7]. Für die Luftstreitkräfte, die in diesen verschiedenen Frontabschnitten eingesetzt wurden, bedeutete der stetige Vormarsch die Notwendigkeit der ständigen Anpassung an unterschiedlichste landschaftliche Bedingungen.

Dies zeigte sich schon bei den ersten Einsätzen von Flugzeugen in Ostpreußen, um die Tätigkeiten und Vormärsche der russischen Truppen zu beobachten. Selbst Flüge über bekanntem Gebiet konnten in dem seenreichen Ostpreußen, in dem sich in den frühen Morgenstunden des Spätsommers häufig tiefhängende, dichte Dunstschwaden bildeten, zu Problemen hinsichtlich der Orientierung werden[8]. In den ersten Zweisitzern lag diese vornehmlich in den Händen des meist vorn sitzenden Beobachtungsoffiziers, der als Kommandant des Flugzeuges anhand von Karte und Kompass die Route festlegte und diese durch Hand- oder Sichtzeichen dem Piloten zu verstehen gab. Speziell am Anfang des Krieges war es den Beobachtern nicht immer möglich, sowohl die Erkundung durchzuführen als auch die Flugrichtung zu erfassen, weshalb zahlreiche Flüge von verirrten Besatzungen schließlich mangels Treibstoff ungeplant endeten[9]. Mitunter konnten derartige Flüge in der Presse durchaus positiv aufgenommen werden, wie der Fall des damaligen Leutnants Elard von Loewenstern und seines Piloten zeigt. Sie hatten bei dichtem Bodennebel die Orientierung verloren und waren mehrere Male unfreiwillig über den russischen Truppen gekreist. Amüsiert erfuhren beide dann kurz darauf nach ihrer Landung von dieser »Heldentat«:

> »später hörten wir von der Tapferkeit eines deutschen Fliegers, der trotz heftigsten, russischen Feuers und tief hängender Wolken immer wieder über ihnen gekreist habe. Wenn die gewusst hätten, von wieweit her unserer Tapferkeit gewesen war[10].«

War die Orientierung über Ostpreußen zwar gelegentlich schwierig, so führte in der Regel doch selbst eine Notlandung nicht zur Gefangennahme der Besatzung, da in

---

5 Arndt, Die Fliegerwaffe, S. 364; Groß, Der »Raum«, S. 119; Die Kriegführung im Frühjahr 1917, S. 477; Loewenstern, Der Frontflieger, S. 88.

6 Stone, The Eastern Front, S. 282; Tschischwitz, Armee, S. 9 f.; Willmot, Der Erste Weltkrieg, S. 229 f.

7 Willmot, Der Erste Weltkrieg, S. 250.

8 Bismarck, Kriegstheater, S. 13; Das ungewöhnliche Fliegerschicksal, S. 46; Loewenstern, Tannenbergflieger, S. 146; Loewenstern, Der Frontflieger, S. 33.

9 Loewenstern, Tannenbergflieger, S. 146, 149; Neumann, Deutsches Kriegsflugwesen, S. 46.

10 Loewenstern, Tannenbergflieger, S. 147.

Inspektion einer deutschen Feldfliegerabteilung im Winter 1915/16 im Südabschnitt der Ostfront. (Mit freundlicher Genehmigung von Angelika Anslinger)

dem relativ kleinen Kampfgebiet die eigenen Linien oft noch im Gleitflug erreicht werden konnten. Auch in den Kämpfen im Winter 1914/15, in deren Rahmen Ostpreußen befreit werden konnte, hielt sich das Operationsgebiet der Flieger und Luftschiffe meist in überschaubaren Grenzen. Lediglich die Winterlandschaft erschwerte die Orientierung, da durch die Schneedecke markante Punkte, wie Gewässer und Flüsse, bedeckt waren und als Anhaltspunkte somit wegfielen[11]. Das Problem der über unbekanntem Gebiet durch eine scheinbar alles gleich machende Schneedecke erschwerten Orientierung sollte für die Besatzungen aller im Osten kriegführenden Staaten in den Wintermonaten zur alltäglichen Schwierigkeit werden. Hinzu kam, dass im Gegensatz zur Westfront durch die dünne Besiedlung und dem damit verbundenen geringen Verkehr auf Schienen und Straßen selbst diese Anhaltspunkte mitunter von Schnee bedeckt blieben und keine Orientierung ermöglichten[12]. Sogar das Wiederfinden des eigenen Flugfeldes bzw. der tatsächlichen Landebahn konnte unter diesen Umständen zum Abenteuer werden, weshalb diese vom Bodenpersonal durch farbige Wimpel gekennzeichnet wurden[13].

Andere Schwierigkeiten gestalteten sich später bei den weitläufigen Operationen im Rahmen der Durchbruchsschlacht bei Gorlice und Tarnow, bei denen die Flüge der Luftstreitkräfte der Mittelmächte diese oft weit ins russische Hinterland führten. Die fluss- und gewässerarme Landschaft in Galizien verfügte nur über wenige natürliche Anhaltspunkte für ein erfolgreiches Zurechtfinden und die verfügbaren Karten waren oft ungenau oder z.B. durch inzwischen erfolgte Eingriffe nicht mehr

[11] Arndt, Der Luftkrieg, S. 643; Cuneo, Winged Mars, S. 140; Das fliegende Schwert, S. 99; Lehmann, Erkundungsflüge, S. 189.

[12] Arndt, Der Luftkrieg, S. 643; Kennett, The First Air War, S. 178.

[13] Anslinger, Aus meinem Fliegerleben, S. 106; Nachlass Dietrich Averes, Jagdstaffel Oberost, S. 3.

brauchbar[14]. Schienenstränge, Straßen und Wege wurden daher umso wichtiger, führten jedoch manches Mal zum erfolglosen Suchen einer »Straße«, die, wie im Unterpunkt zum Thema Infrastruktur noch zu lesen sein wird, nicht unbedingt immer als solche aus der Luft zu erkennen war. Für die im Bereich der Karpaten eingesetzten Besatzungen bedeutete wiederum jeder Flug über die hohen, meist bewaldeten Bergkämme eine erhebliche fliegerische Herausforderung. Neben der Notwendigkeit, genügend Höhe für das Überfliegen der Gipfel gewinnen zu müssen, traten hier große Turbulenzen in der Luft auf, welche die nur einige hundert Kilogramm schweren Flugzeuge in erhebliche Schieflagen bringen konnten[15]. Die dichte Bewaldung der Karpaten erschwerte zudem nicht nur die Erkundung, sondern auch die Suche nach geeigneten regulären Flugfeldern und Notlandeplätzen, da die wenigen vorhanden Lichtungen für eine sichere Landung kaum ausreichten[16].

Anders gestaltete es sich bei den Flügen über die von Sümpfen und Wäldern beherrschten Regionen im Zentrum der Front östlich von Warschau. Für diese Gebiete waren, wie für die meisten anderen Frontabschnitte, nur sehr ungenaue und veraltete Karten verfügbar[17]. Je weiter östlich die Kampfhandlungen voranschritten, desto ungenauer wurden zudem die Karten des deutschen Generalstabes. Für das Gebiet östlich der Reichsgrenzen waren 1914 durchaus Karten vorhanden, doch fehlten aktuelle Materialien[18]. Die ab 1915 an Bord mitgeführten Fotoapparate ermöglichten daher wichtige Anhaltspunkte über die gegnerischen Absichten und die geografischen und infrastrukturellen Besonderheiten, anhand derer Karten aktualisiert oder neu erstellt werden konnten. Von großem Nachteil war neben der schwierigen Orientierung, dass sich die Wälder und Sümpfe kaum einsehen und aufklären ließen[19]. War dennoch ein Ziel erkannt worden, erschwerten die veralteten Karten das genaue Einzeichnen der Beobachtungen, sodass das Ergebnis des Fluges im schlimmsten Fall wertlos werden konnte. Als ab 1917 der Stellungskrieg im Norden der Ostfront wieder in einen Bewegungskrieg Richtung Baltikum überging, wurde das Fliegen für die dort eingesetzten Abteilungen hinsichtlich der Orientierung durch die relativ gut ausgebaute Infrastruktur, die dokumentierten Flüsse und die insgesamt höhere Anzahl an Siedlungen und Städten erleichtert[20].

---

14 BArch, PH 3/128, Großer Generalstab. Mitteilungen über russische Taktik, S. 35; Bismarck, Kriegstheater, S. 13; Koerber, Das fliegende Heer, S. 165; Lehmann, Erkundungsflüge, S. 189.

15 Anslinger, Aus meinem Fliegerleben, S. 74; Hedin, Nach Osten!, S. 102 f.; Hoeppner, Deutschlands Krieg in der Luft, S. 98; Middleton, The Great War in the Air, Bd 1, S. 210; Peter, Die k.u.k.-Luftschiffer- und Fliegertruppe, S. 174.

16 Anslinger, Aus meinem Fliegerleben, S. 74, 89; Hedin, Nach Osten!, S. 102; Neumann, Die deutschen Luftstreitkräfte, S. 464; Peter, Die k.u.k.-Luftschiffer- und Fliegertruppe, S. 174.

17 Arndt, Der Luftkrieg, S. 643; BArch, PH 17 I/111, Anleitung für den Beobachtungsoffizier im Flugzeug (A.B.O.). Genehmigt durch Verfügung des Chefs des Generalstabes des Feldheeres vom 4.8.16, Berlin 1916, S. 18; Hoeppner, Deutschlands Krieg in der Luft, S. 46; Strachan, Die Ostfront, S. 16.

18 BArch, PH 17 I/111, Anleitung für den Beobachtungsoffizier im Flugzeug (A.B.O.). Genehmigt durch Verfügung des Chefs des Generalstabes des Feldheeres vom 4.8.16, Berlin 1916, S. 22; Neumann, Deutsches Kriegsflugwesen, S. 43.

19 Loewenstern, Der Frontflieger, S. 88; Schilling, Flieger an allen Fronten, S. 21.

20 Nachlass Dietrich Averes, Ballonabschuss, Blatt 3; Neumann, Deutsches Kriegsflugwesen, S. 43.

Zusammenfassend betrachtet brachte allein die vielfältige Geografie des weitläufigen »Einsatzraumes« Ostfront zahlreiche Schwierigkeiten mit sich, die das bloße Fliegen an sich zu einer Herausforderung werden lassen konnten. Insbesondere die Orientierung wurde durch diverse Faktoren erschwert, mit denen z.B. Flieger an der Westfront nicht zu kämpfen hatten.

2. Das lokale Klima als Faktor für die Luftkriegführung

Neben der Geografie ist das mitunter extreme Klima Osteuropas bereits in den Jahrhunderten vor dem Ersten Weltkrieg ein wichtiger Faktor für die Kriegführung in diesem »Raum« gewesen. Dies galt in verstärktem Maße für die sehr wetterabhängige Luftkriegführung.

Während der Kampfhandlungen von 1914 bis 1918 zeigte sich entlang der Ostfront immer wieder, dass das Klima in diesem Gebiet zwischen Extremen schwanken konnte und teilweise sogar als bedrohlicher als der militärische Gegner selbst empfunden wurde[21]. Bei Eröffnung der Kampfhandlungen im Sommer 1914 herrschte überwiegend warmes Wetter, wodurch allenfalls Einschränkungen durch heraufziehende Gewitter entstanden. Im gewässerreichen Ostpreußen war vor allem in den Morgenstunden des Öfteren mit dichtem Bodennebel zu rechnen, der Starts bis zu dessen Auflösung nahezu unmöglich machte, was den Oberleutnant Leo Leonhardy zu dem treffenden Vergleich anregte, der Nebel sei für die Fliegerei das, was Sümpfe für angreifende Kavallerie darstellten[22]. Insgesamt jedoch waren die sommerlichen Temperaturen in Osteuropa auch in den Folgejahren eher mit Unannehmlichkeiten als mit echten Gefahren für die Fliegerei verbunden. Gewitter mussten von Flugzeugen und Luftschiffen zwar gemieden werden, doch äußerten sich die Hitzeprobleme ansonsten lediglich darin, dass z.B. stundenlanges Warten in Bereitschaft in den dick gefütterten Fliegeranzügen oder die massenhafte Ausbreitung von Insekten und Ungeziefer das Leben der Besatzungen unangenehm machten[23].

Von weit größerer Bedeutung für die Einsatzbereitschaft der Flugzeuge waren die besonders beim Vormarsch auf russisches Gebiet stärker auftretenden verregneten Perioden in Frühjahr und Herbst. Die »Zeit der Wegelosigkeit« ließ die aus einfachen Graspisten bestehenden Flugfelder durch massive Niederschläge vielfach unbrauchbar werden. Weniger Starts als vielmehr Landungen gestalteten sich auf den durchnässten Pisten als lebensgefährlich, weil in den noch nicht allzu robusten Maschinen ein »Kopfstand«, d.h. schlimmstenfalls ein Überschlagen, große Gefahren für die Besatzung bedeuten konnte. So konnte im Oktober 1914 bis Ende November an rund zwei Dritteln der Tage nicht gestartet werden, da die klimatischen Bedingungen dies nicht zuließen[24]. Ähnlich verhielt es sich laut den Kriegstagebüchern der FFA 37 in den Frühjahrsmonaten, in denen beispielsweise im März 1916 wetterbedingt nur an sechs Tagen Flüge möglich waren[25]. Zudem machten im Herbst Stürme mit ihren mitunter tückischen Böen Flüge selbst bei trockener Witterung sehr gefährlich.

---

21 Koerber, Das fliegende Heer, S. 136; Richthofen, Der rote Kampfflieger, S. 42, 67; Der Luftkrieg, S. 48.

22 Bismarck, Kriegstheater, S. 13; DTMB, NL 151: Nachlass Ernst Eberstein, S. 8 f.; Leonhardy, Dreimal Glück, S. 207; Loewenstern, Tannenbergflieger, S. 146; Loewenstern, Der Frontflieger, S. 33.

23 Richthofen, Der rote Kampfflieger, S. 67.

24 BArch, PH 5 II/279, Abschrift des Kriegstagebuches der 9. Armee, 19.9.–31.12.1914. Die Folgen dieser Regenperioden für die Infrastruktur und damit die Versorgung z.B. mit Betriebsstoffen und Ersatzteilen werden im folgenden Unterpunkt ausgiebig analysiert.

25 BArch, RM 114/18, Kriegstagebuch der 37. Feld-Flieger-Abtlg. vom 18.9.15 bis 1.4.16, Bd 1.

Dieser »Kopfstand« eines Aufklärungsflugzeuges ging noch einmal glimpflich aus. Gelegentlich bedeuteten derartige Bruchlandungen auf durch Regen aufgeweichten Pisten den Verlust von ganzen Flugzeugen samt Besatzung. (Mit freundlicher Genehmigung von Angelika Anslinger)

Eine andere Folge der vielen Niederschläge ergab sich für die auf den Flugfeldern stehenden Flugzeuge. Gerade zu Beginn der Kämpfe im Osten bis 1915 verfügten die Feldfliegerabteilungen noch über keine geeigneten Unterbringungsmöglichkeiten, die gemäß den Erfordernissen des Bewegungskrieges schnell auf- und abmontiert werden konnten und auf russischer Seite bereits verfügbar waren. Daher blieben die mit Stoff bespannten Flugzeuge teilweise tagelang den Niederschlägen im Osten Europas ausgesetzt, was zu Wasseransammlungen in den Tragflächen oder verzogenen Steuerelementen führte und die Einsatzbereitschaft der Abteilungen stark herabsetzen konnte[26]. Sicherlich traten ähnliche Probleme auch an der Westfront auf, doch waren die Abteilungen dort rascher in der Lage, aufgrund des Stellungskrieges auf dauerhaft vorhandene Hangars zurückzugreifen.

Zu einem weiteren Problem wurden die harten Winter in Osteuropa. Zwar hatte dieser, wie Hans Schröder in seinen Memoiren schildert auch sehr schöne Seiten, doch dürften die negativen Auswirkungen überwogen haben[27]. Nach den herbstlichen Regenperioden trat für gewöhnlich im Dezember eine harte, trockene Frostperiode ein, die zumindest kurzfristig Straßen und Landebahnen wieder nutzbar machte. Hierbei waren die zuerst von den russischen Luftstreitkräften eingeführten Kufen an den Landegestellen äußerst hilfreich[28]. Selbst bei mäßigem Schneefall konnte so noch, sofern die Startbahnen mühsam per Hand geräumt worden waren, geflogen werden, doch schränkte Schneetreiben die Sicht bei Aufklärungsflügen naturgemäß stark ein.

[26] Schilling, Flieger an allen Fronten, S. 56.
[27] Schröder, Erlebter Krieg, S. 162.
[28] Arndt, Die Fliegerwaffe, S. 364; Grosz, Russische Schneekufen, S. 58–60; Nachrichtenblatt der Luftstreitkräfte, 1 (13.12.1917), 42, S. 454.

Die Wetterbedingungen des osteuropäischen Winters setzten den Besatzungen jedoch erheblich zu, wie aus einem Brief des Leutnants Heinrich Deilmann hervorgeht:

> »Soeben bin ich nach langer Pause mal wieder von einer Erkundigungsluftreise zurückgekehrt. Ich war so steif gefroren, dass ich nicht allein aus dem Apparat klettern konnte [...] Lieber Granatfeuer, als diese gemeine Kälte zu ertragen[29].«

Der damalige Vizefeldwebel und Pilot Hans Gilg schrieb in einem Brief vom 30. Dezember 1915 an seine Eltern: »Dieses dauernde Warten hier auf gutes Wetter geht bald mehr auf die Nerven, als mäßiges Fliegen[30].« In den Wintermonaten von Januar bis März hingegen traten durch Schnee und Frost erhebliche Beeinträchtigungen für die Einsatzbereitschaft der Luftstreitkräfte auf. Neben gefrorenen Kühlwasserleitungen, die im schlimmsten Fall im Flug zu einem Platzen dieser und damit zu einem Motorausfall führen konnten, waren Vereisungen von Flugzeugen und Luftschiffen im Flug eine große Gefahr[31]. Neben aufgrund von Eis zersplitterten Propellern konnte Eis an den Luftschrauben insbesondere für Luftschiffe zu einer Bedrohung werden, da dies wie im Falle des Luftschiffes (L) 38 Ende 1916 herabgeschleudert werden und dabei Außenhaut und Gaszellen beschädigen konnte[32]. In anderen Berichten ist sogar von gefrorener Kompassflüssigkeit in einem Luftschiff oder eingefrorenen Verschlüssen bei Bordwaffen zu lesen[33].

Den klimatischen Bedingungen Osteuropas standen die Fliegertruppen der Mittelmächte mangels Erfahrungen anfangs hilflos gegenüber, was schwere Folgen für ihre Einsatzbereitschaft haben konnte. Dennoch entwickelten sich auch mit Blick auf die Methoden der zarischen Streitkräfte Methoden, die das Fliegen bei extremen Witterungsverhältnissen ermöglichten. Die Auswirkungen des Klimas äußerten sich schlimmstenfalls darin, dass über einen längeren Zeitraum hinweg die Überwachung der russischen Einheiten an der Front und im Hinterland unmöglich war. Im Sommer wurden Erkundungsflüge, um Gewittern und tückischen Böen zu entgehen, vornehmlich in die frühen Morgenstunden bei Sonnenaufgang verlegt, um zugleich ein erstes Lagebild zu gewinnen. Weitere regelmäßige Flüge erfolgten für gewöhnlich am frühen Abend. Diese zyklischen Flugzeiten erkannten die zarischen Truppen jedoch schnell und passten falls möglich ihre Aktivitäten dem Rhythmus der Aufklärungsflüge an[34]. Mehr Improvisationstalent war in den übrigen Monaten des Jahres und besonders im Winter gefordert, wenn es galt, die Tücken des Klimas zu umgehen. Gegen die heftigen Regenfälle im Herbst hatten die zarischen Flieger auf Initiative des Oberstleutnants Sergej Uljanin (1871–1921) hin vor dem Krieg mobile und wasserdichte Zeltschuppen als Unterstände für ihre Flugzeuge entwickelt, die in ähnlicher Form nach kurzer Zeit auch im Deutschen

29 Das ungewöhnliche Fliegerschicksal, S. 46 f.

30 Gilg, Nimm aufwärts, S. 70.

31 Hastings, The Making of a German Observer, S. 330; Hublitz, Flieger-Erlebnisse, S. 49; Schilling, Flieger an allen Fronten, S. 176.

32 Bischoff, Im Osten gestrandet, S. 123; Marben, Ritter der Luft, S. 51–53.

33 Marben, Ritter der Luft, S. 51 f.; Neumann, Die deutschen Luftstreitkräfte, S. 369.

34 BArch, PH 19/27, Fliegermeldungen der FA (A) 214 (Juni–Dez. 1916); BArch, PH 5 II/283, Abschrift des Kriegstagebuches der 9. Armee vom 1.7.–4.8.1915 und der Heeresgruppe Prinz Leopold von Bayern vom 5.8.–31.8.1915.

Reich eingeführt wurden[35]. Wie auf wichtigen Straßen und Verbindungswegen wurden auf Feldflugplätzen in dringenden Fällen ab 1916 mit Schotter bewehrte Knüppeldämme ausgelegt, um trotz aufgeweichten Bodens Starts und Landungen zu ermöglichen. Diese Vorgehensweise bewährte sich trotz des hohen Aufwandes und der Belastungen für die Maschinen bei Starts und Landungen sehr und wurde von den zarischen Fliegertruppen übernommen[36].

Um in den Wintermonaten bei extrem niedrigen Temperaturen fliegen zu können, wurden die Steuerorgane und Instrumente der Luftfahrzeuge extra gepolstert, um ein Einfrieren zu vermeiden[37]. Mit der Einführung der C-Typen 1915 konnte dieses Problem durch die Ableitung von Motorwärme in den Rumpf gelöst werden. Dem Einfrieren der Bordwaffen begegnete das Wartungspersonal durch das Umwickeln mit Decken bei Nichtbetrieb und die Besatzungen selbst waren während der Flüge dazu angehalten, regelmäßig Probeschüsse abzugeben, um die Feuerbereitschaft zu gewährleisten[38]. Weiterhin wurde außerhalb des Flugbetriebes das Kühlwasser abgelassen, um ein Platzen der Leitungen beim Stillstand zu vermeiden. An extrem kalten Tagen wurde dieses vor dem Wiedereinfüllen in den Kühler kochend erhitzt, womit die Gefahr eines Einfrierens weitgehend beseitigt werden konnte[39]. Gelegentlich konnte der strenge Winter durchaus nützlich sein. So operierte die Jasta 81 von Januar bis März 1918 in der Nähe von Dünaburg von einem See aus. Dieser war infolge des Winters mit einer 60 bis 80 cm dicken Eisschicht bedeckt und eignete sich so trotz breiter Spalten im Eis als Feldflugplatz[40]. Um den Besatzungen das Fliegen im Winter angenehmer zu gestalten, behalfen sich die Besatzungen im Osten anfangs mit improvisierten Bekleidungen aus Pelzen, bevor die Fliegersonderbekleidung standardmäßig ausgegeben wurde[41].

Trotz all dieser Maßnahmen, die zumindest vereinzelt auch bei problematischen klimatischen Bedingungen dazu dienen konnten, Flugzeuge starten zu lassen, waren die meteorologischen Gegebenheiten in Osteuropa zu einigen Jahreszeiten immer noch so nachteilig, dass Einsätze von Flugzeugen und Luftschiffen schlichtweg nicht möglich waren.

---

35 BArch, PH 3/241, Das Luftfahrtwesen in der russischen Armee (Berlin, den 5.5.1914); BayHStA, 11. bay. Infanterie-Division, Bd 19, Akt 1, Feindeslage 3.9.1916; HStA Stuttgart, M 1/11, Bü 564, Königsberichte: Württ. Artillerie-Flieger-Abteilung 242. Einsatz Ostfront, Bericht vom 5.7.1917; Schmuttermayer, Flieger-Erinnerungen, S. 8.

36 Blume, The Russian Military Air Fleet, Bd 1, S. 176; Nachlass Dietrich Averes, Bei Kriegsbeginn 1914, S. 6.

37 Kilduff, Bomber Observer, S. 119; Loewenstern, Der Frontflieger, S. 68.

38 Kehrt, Moderne Krieger, S. 150; Vom Heldenkampf, S. 163.

39 Arnecke, Am Stochod, S. 145; Das fliegende Schwert, S. 97; Hublitz, Flieger-Erlebnisse, S. 49; Schilling, Flieger an allen Fronten, S. 175.

40 University of Texas at Dallas (UTD), Ed Ferko Collection Box 9, Folder 24, Jasta 81 Files; Nachlass Dietrich Averes, Jagdstaffel Oberost, S. 1.

41 Kilduff, Bomber Observer, S. 115; Loewenstern, Der Frontflieger, S. 82.

3. Die Rolle der osteuropäischen Infrastruktur im Luftkrieg

Zwar ist die Infrastruktur eines Einsatzgebietes vornehmlich für Bodentruppen und auf den ersten Blick weniger für Luftstreitkräfte relevant, doch erwiesen sich die infrastrukturellen Gegebenheiten an der Ostfront als ein weiterer wichtiger Faktor für den Einsatz dortiger fliegender Verbände. Laut Etat einer Feldfliegerabteilung kamen zu den sechs Maschinen und den Besatzungsmitgliedern weit über 100 Soldaten, die für die Einsatzbereitschaft der Abteilung sorgten. Hinzu muss noch umfangreiches Material gerechnet werden, das mit bis zu 16 LKWs an die jeweiligen Einsatzflughäfen transportiert werden musste[42]. Für eine österreichisch-ungarische Flik, die organisatorisch einer deutschen Feldfliegerabteilung in etwa ähnelte, veranschlagten die Logistiker der k.u.k. Streitkräfte sogar 55 Eisenbahnwaggons, um sie vollständig verlegen zu können[43]. Um an der Ostfront unter dem Aspekt des Bewegungskrieges mit den immer weiter nach Osten fortschreitenden Einsatzgebieten daher Luftstreitkräfte zum Einsatz bringen zu können, bedurfte es eines enormen logistischen Aufwandes, der nicht allein durch die immer größer werdenden Distanzen erschwert wurde.

Abgesehen von einigen Regionen in Ostpreußen, im Warschauer Umland und im Baltikum befand sich die Infrastruktur der osteuropäischen Gebiete in einem in der Regel miserablen Zustand. Chausseen und Landstraßen konnten als solche häufig nicht bezeichnet, geschweige denn erkannt werden und besaßen oft nur einen dünnen Belag aus Geröll oder Lehm[44]. Die auf Karten als Wege und kleinere Straßen verzeichneten Routen glichen meist allenfalls unbefestigten Trampelpfaden und waren aus der Luft mitunter nicht einmal als solche auszumachen. Das Eisenbahnnetz des westlichen Zarenreiches war trotz des forcierten Ausbaus in den letzten Vorkriegsjahren mit Ausnahme der Region um Warschau nur dünn ausgebaut und erlaubte kaum groß angelegte Truppentransporte per Eisenbahn[45]. Daher gab es nur wenige wichtige Eisenbahnknotenpunkte, was allerdings im Gegenzug die Überwachung dieser bei Aufklärungsflügen erleichterte. Vor allem für die Logistik der Fliegertruppen bedeutete dies jedoch, dass oft gar nicht oder lediglich unter sehr hohem Aufwand die im Westen üblichen Feldbahnlinien zu den jeweiligen Feldflughäfen errichtet werden konnten. Die Masse des Nachschubs für Mensch und Material musste deshalb, abgesehen von einigen Regionen im Baltikum und der heutigen Ukraine, über die vorhandenen Wege und Straßen herangeschafft werden.

Die Distanz von Flugplätzen und Luftschiffhallen zur Front konnte mitunter bis zu 80 Kilometer betragen, was das Problem der sehr begrenzten Reichweite der

---

42 Mobilmachung, S. 1; Supf, Das Buch der deutschen Fluggeschichte, S. 265.

43 Die Tätigkeit der österr.-ung. Luftstreitkräfte, S. 97.

44 BArch, PH 3/128, Großer Generalstab. Mitteilungen über russische Taktik, S. 33 f.; BArch, PH 5 II/279, Abschrift des Kriegstagebuches der 9. Armee, 19.9.–31.12.1914, 2.10.14, 6.10.14; Cossel, Sprengungen, S. 101; DiNardo, Breakthrough, S. 128; Loewenstern, Tannenbergflieger, S. 154; Loewenstern, Der Frontflieger, S. 39, 50; Middleton, The Great War in the Air, Bd 1, S. 91, 210.

45 Arndt, Die Fliegerwaffe, S. 364; Cossel, Sprengungen, S. 101; Nachrichtenblatt der Luftstreitkräfte, 1 (30.8.1917), 27, S. 179; Middleton, The Great War in the Air, Bd 1, S. 210; Schröder, Erlebter Krieg, S. 186.

damaligen Flugzeuge noch verschärfte[46]. Luftschiffe und Riesenflugzeugabteilungen (RFA) operierten wegen ihres enormen logistischen Aufwandes nur von wenigen fest eingerichteten Basen abseits der Front[47]. Die überwiegend dünne Besiedlung ganzer Landstriche erwies sich außerdem nicht nur als Problem für die Orientierung von der Luft aus, sondern auch als Manko bei der Unterbringung der Angehörigen der Luftstreitkräfte. Falls nicht anders möglich waren Unteroffiziere und Mannschaften der Abteilungen daher in Zelten oder Baracken direkt auf den Plätzen untergebracht, was zugleich lange Anmarschwege zum Dienst ersparte. Zur Verbesserung der hygienischen Bedingungen wurden sogar unter großem Aufwand eigene Badestuben für die Angehörigen der Abteilungen eingerichtet. Das fliegende Personal sollte wenn möglich in festen Unterkünften untergebracht werden[48]. Dass diese die Behausungen oft als problematisch empfanden, wird in einem weiteren Kapitel noch Erwähnung finden.

Ein weiterer Nachteil der lokalen Infrastruktur bestand aus den selbst über größere Ströme oft nur aus Holz errichteten Brücken, die nicht immer mit voll beladenen Lastkraftwagen befahren werden durften[49]. Verschärft wurde die ohnehin schon schwierige infrastrukturelle Situation noch durch die Zerstörung der vorhandenen Transportwege im Zuge des groß angelegten Rückzuges der zarischen Armee nach den deutschen Durchbrüchen in Galizien. So sprengten die russischen Truppen in der Linie Warschau–Ivangorod–Zamosc zahlreiche Gleise, verbrannten ganze Ortschaften und machten die Brücken unpassierbar. Der Vormarsch der Mittelmächte über die wenigen noch verbliebenen Routen wurde außerdem durch Massen umherirrender Flüchtlinge behindert[50].

Insgesamt bedeutete die über weite Strecken katastrophale Infrastruktur vor Ort weniger für das Fliegen an sich, als vielmehr für Verlegungen und die Versorgung mit Nachschub im Osten eine im Vergleich zur Westfront gewaltige Herausforderung. Die zu überbrückenden Strecken waren ohnehin erheblich länger als in den

---

46 Carganico, Mit der B.A.O., S. 372; Cossel, Feldflieger, S. 190; Hoeppner, Deutschlands Krieg in der Luft, S. 46; Peter, Die k.u.k.-Luftschiffer- und Fliegertruppe, S. 173. Im Vergleich dazu betrug die Entfernung der Feldflugplätze zur Front im Westen in der Regel nur rund 20 Kilometer, siehe Lehmann, Erkundungsflüge, S. 189; Loewenstern, Der Frontflieger, S. 93; Peter, Die k.u.k.-Luftschiffer- und Fliegertruppe, S. 178.

47 Neue Luftschiffhallen wurden z.B. in Libau, Warschau und Kowel errichtet. Die beiden RFA flogen ihre Einsätze an der Ostfront von ihren ausgebauten Basen in Alt Auz (Kurland) und Kowno (Kaunas im heutigen Litauen) aus, siehe Neumann, Die deutschen Luftstreitkräfte, S. 366, 368.

48 HStA Stuttgart, M 1/11, Bü 564, Königsberichte: Württ. Artillerie-Flieger-Abteilung 242. Einsatz Ostfront, Bericht vom 5.7.1917. Anslinger, Aus meinem Fliegerleben, S. 108; Arndt, Die Fliegerwaffe, S. 364; BArch, PH 3/128, Großer Generalstab. Mitteilungen über russische Taktik, S. 33; BArch, RL 2 IV/266, Flieger bei Tannenberg, S. 8; Hastings, The Making of a German Observer, S. 328; Hedin, Nach Osten!, S. 101.

49 BArch, PH 3/128, Großer Generalstab. Mitteilungen über russische Taktik, S. 34; Groß, Der »Raum«, S. 121.

50 BArch, MSG 2/1138, Fliegermeldungen der Feld-Fliegerabteilung 31, 7.7.1915; BArch, PH 5 II/282, Abschrift des Kriegstagebuches der 9. Armee, 24.4.–30.6.15, 17.5.15; BArch, PH 5 II/283, Abschrift des Kriegstagebuches der 9. Armee vom 1.7.–4.8.1915 und der Heeresgruppe Prinz Leopold von Bayern vom 5.8.–31.8.1915, 22.7.15, 9.8.15, 31.8.15; Bismarck, Kriegstheater, S. 14; Carganico, Mit der B.A.O., S. 376; DiNardo, Breakthrough, S. 123; Gorlice, S. 31; Mühlig-Hofmann, Zwei Kriegsflüge, S. 12; Schilling, Flieger an allen Fronten, S. 35, 41, 43 f.

Regionen Belgiens und Nordfrankreichs und mussten auf meist wesentlich schlechter ausgebauten Straßen und Schienen bewältigt werden. Wie bei den klimatischen Problemen fanden die Angehörigen der Luftstreitkräfte bei den infrastrukturellen Herausforderungen im Laufe des Krieges Mittel und Wege, um trotzdem ihre Einsatzbereitschaft gewährleisten zu können. Da die russische Fliegertruppe schon vor dem Krieg mit den typischen Gegebenheiten ihrer Westgrenze vertraut war, wurde Anfang 1914 neben einer feldmäßigen Unterbringung in Form von Zeltschuppen auch ein an die Wege und Straßen angepasster Flugzeugtransportwagen samt Anhänger für Ersatzteile und Betriebsstoffe entwickelt. Dieser konnte aufgrund seiner leichten Bauweise bei schwierigsten Straßenverhältnissen noch von Pferden oder Ochsen gezogen werden und war im Mai 1914 bereits vom deutschen Generalstab aufmerksam beäugt worden[51]. Die Feldfliegerabteilungen und sonstigen Fliegerformationen vertrauten 1914 dennoch zunächst auf ihre Motorisierung, was sich jedoch bald wegen der klimatischen und infrastrukturellen Bedingungen an der Ostfront als problematisch erweisen sollte. Besonders während der Phasen des Bewegungskrieges 1915 konnten die Flugzeuge zwar per Luftweg zu den neuen Feldflugplätzen verlegt werden, während der umfangreiche motorisierte Tross hingegen noch auf den Zufahrtswegen feststeckte[52].

Nach diesen Erfahrungen beschloss Feldflugchef Hermann von der Lieth-Thomsen, den Etat der im Osten eingesetzten fliegenden Verbände und Feldluftschifferabteilungen zu verändern. Da sich die LKW an diesem Kriegsschauplatz nur bedingt als zweckmäßig erwiesen hatten, wurden den Formationen stattdessen Pferdegespanne zugewiesen. So geht aus einer Stärkenachweisung für eine Fliegerabteilung aus dem Jahre 1916 hervor, dass insgesamt 25 zusätzliche Gespanne je fliegende Einheit an der Ostfront vorgesehen waren[53]. Diese hatten den Vorteil, auch bei schwierigsten Straßenverhältnissen z.B. im Herbst aufgrund ihres geringeren Gewichts eingesetzt werden zu können und benötigten weniger logistischen Aufwand, als es bei motorisierten Fahrzeugen der Fall war. Futter konnte oft vor Ort beschafft werden und bei Bedarf wurden sogar Einheimische als zusätzliche Führer oder Fahrer herangezogen[54]. Auch die personelle Zusammensetzung der Abteilungen an der Ostfront änderte sich dadurch, da für diese jeweils neben 37 zusätzlichen Nachschubsoldaten ein bis zwei Beschlagschmiede eingeplant wurden[55]. Um die wichtigsten Straßen in Frühjahr und Herbst nicht vollkommen unbefahrbar werden zu lassen, wurden diese wie die Startbahnen in aufwendigen Arbeiten mit Knüppeldämmen versehen, was sich als wirksames Mittel zur Gewährleistung der Nutzbarkeit erweisen sollte. Trotz dieser Maßnahmen blieb es

---

51 BArch, PH 3/241, Das Luftfahrtwesen in der russischen Armee (Berlin, den 5.5.1914). Pro Abteilung gingen die russischen Logistiker von einem Bedarf von 42 derartigen Wagen aus, siehe Kulikov/Blume, Chronicle, S. 149.

52 Cossel, Feldflieger, S. 187; Loewenstern, Der Frontflieger, S. 50; Schröder, Erlebter Krieg, S. 168.

53 BayHStA, MKr 1404, Stärkenachweisung einer Flieger-Abteilung.

54 BArch, RL 2 IV/284, Die Luftwaffe während des Feldzuges in Polen im Herbst 1914 (September bis Dezember 1914); Loewenstern, Tannenbergflieger, S. 153; Loewenstern, Der Frontflieger, S. 51.

55 BayHStA, MKr 1404, Stärkenachweisung einer Flieger-Abteilung; BayHStA, MKr 1406, Stärkenachweisung für eine Fliegerabteilung (A) ohne F.T.-Wechselverkehr.

Ein notdürftig getarnter Zeltschuppen der FFA 54. In solchen Unterbringungen waren Flugzeuge und Werkstätten bei schnellen Verlegungen untergebracht. (Mit freundlicher Genehmigung von Angelika Anslinger)

schwierig, die Feldflugplätze über die größeren Distanzen zu versorgen, doch gelang es meist innerhalb kurzer Zeit, einen neuen, einsatzbereiten Feldflugplatz einzurichten. Um hierbei eine größtmögliche Autarkie sicherstellen zu können, wurden Generatoren mitgeführt, mit denen die Beleuchtung sowie der Funkverkehr betrieben werden konnten[56]. Zusätzlich wurden neben diesen Feldflugplätzen in der Regel Ausweichflugplätze bzw. Gefechtslandeplätze nahe der Front erkundet. Diese erlaubten es dank ihrer provisorischen Ausstattungen, Besatzungen bei technischen Problemen oder Verwundungen eine sichere Notlandung auf eigenem Gebiet durchzuführen[57]. Besonders in den Phasen des Bewegungskrieges wurden spezielle taktische Verfahren entwickelt, um den infrastrukturellen Gegebenheiten des Einsatzgebietes Rechnung zu tragen. Falls ausreichend Schienenwege, wie z.B. in Teilen Galiziens, vorhanden waren, wurden ganze Einheiten per Zug verlegt. Hierbei stellten die Abteilungen ab 1917 Eisenbahnzüge zusammen, die schnelle Transporte erlaubten und die Abteilung schnellstmöglich wieder einsatzbereit werden ließ:

> »Alles dies erforderte bedeutend mehr Raum, als für einen einfachen Transport erforderlich ist. Die Abteilungen besitzen insbesondere Wagen für Depot, Lichtbild- und Kartenwesen, Motoren- und Kraftwagenreparatur, Tischler und Schreinerei, Schreibstube und Zahlmeister, Handwerker, Kammer, Proviant und Leergut; daneben noch die Schlafräume für Offiziere und Mannschaften sowie Loren für Kraftwagen und Flugzeuge[58].«

War eine Abteilung gut eingespielt, schaffte sie es gemäß eines Berichts des Kommandeurs der Flieger der Heeresgruppe Eichhorn binnen 25 Minuten zwei Flugzeuge vom Zug auszuladen und aufzumontieren[59].

---

56 Cossel, Feldflieger, S. 187.
57 Kennett, The First Air War, S. 178; Die Tätigkeit der österr.-ung. Luftstreitkräfte, S. 11.
58 Nachrichtenblatt der Luftstreitkräfte, 2 (4.7.1918), 19, S. 271.
59 Ebd.

Zusammenfassend betrachtet gelang es den Luftstreitkräften an der Ostfront zusehends, sich durch oft primitiv scheinende Maßnahmen an die Gegebenheiten des Kampfgebietes anzupassen und immer effektiver die gröbsten Auswirkungen der infrastrukturellen Defizite auszugleichen.

4. Das Anforderungsprofil für Luftstreitkräfte an der Ostfront

Neben den besonderen regionalen Faktoren waren die militärischen Ereignisse in Osteuropa und die Kampfführung an der Ostfront selbst von großer Bedeutung. Erst durch deren Untersuchung wird die Ostfront als militärisch-operativer »Raum« vervollständigt.

Gemäß den strategischen Planungen des Schlieffenplanes, der zunächst die rasche Niederwerfung Frankreichs mit dem Großteil der verfügbaren Truppen vorsah, wurde die östliche Reichsgrenze bei Kriegsbeginn mit rund einem Sechstel der Streitkräfte nur notdürftig gesichert. Auf die weitere Entwicklung der Gesamtlage soll an dieser Stelle nicht näher eingegangen werden, doch blieb die Ostfront in den Augen der OHL während des gesamten Krieges im Grunde nur »der Rückenschutz des Westheeres«[60]. Daraus ergab sich, dass trotz vereinzelter sehr erfolgreicher Offensiven und des stetigen Vorrückens auf russisches Gebiet diese Front immer im Schatten der Ereignisse im Westen stand und die Truppen aufseiten der Mittelmächte den zarischen Streitkräften am Boden meist zahlenmäßig unterlegen blieben[61]. Teilweise konnte dieser Umstand zumindest auf deutscher Seite durch eine geschicktere Führung, bessere Ausbildung und hochwertigere Ausrüstung ausgeglichen werden.

Der osteuropäische Kriegsschauplatz mit seinen vielfältigen beschriebenen Voraussetzungen ermöglichte bis zum Friedensvertrag von Brest-Litowsk mit wenigen lokalen Ausnahmen im Wesentlichen eine flexible und damit im Gegensatz zur Westfront mobile Kampfführung. Allein die bloße Länge der Front in Kombination mit den zahlreichen natürlichen Hindernissen in Form von Wäldern, Flüssen und ausgedehnten Sümpfen und die nur verhältnismäßig kleine Zahl an österreichisch-ungarischen und deutschen Truppen erlaubte keinen durchgehenden Ausbau tief gestaffelter Stellungssysteme von der Ostsee bis zum Schwarzen Meer. Die Brussilow-Offensive beispielsweise begann auf einer Frontlänge von über 450 Kilometern, was in etwa der Luftlinie der gesamten Westfront entsprach[62]. Zusätzlich konnten die Linien bei Durchbrüchen wegen der räumlichen Dimension und der schwachen Infrastruktur nicht durch das sofortige Verlegen von Reserven unmittelbar abgeriegelt werden. Die daraus resultierenden zeitweilig raschen Bewegungen ließen das

[60] BArch, RL 2 IV/284, Die Luftwaffe während des Feldzuges in Polen im Herbst 1914 (September bis Dezember 1914), S. 1.

[61] Hindenburg, Aus meinem Leben, S. 119; Hoeppner, Deutschlands Krieg in der Luft, S. 76; Koerber, Das fliegende Heer, S. 124; Neumann, Die deutschen Luftstreitkräfte, S. 462; Schilling, Flieger an allen Fronten, S. 29. Hierbei ist allerdings der Zustand der zarischen Luftstreitkräfte zu berücksichtigen, da selbst 1917 nie mehr als ein Drittel der vorhandenen Maschinen aus modernen Kampfflugzeugen bestand, siehe Norman, The Great Air War, S. 166.

[62] Willmott, Der Erste Weltkrieg, S. 148.

Kampfgebiet mitunter sehr unübersichtlich werden. Dadurch waren eindeutige Frontverläufe und Truppenpositionierungen teilweise nur schwer auszumachen. Die mobile Kriegführung erlaubte zwar prinzipiell noch immer den Einsatz von Kavallerie zur Erkundung, die an der Westfront durch die starken Abwehrmöglichkeiten aus den Schützengräben heraus obsolet geworden war. Häufig wurde diese Möglichkeit aber durch die »undurchdringliche[n] Reiterschwärme«[63] der zarischen Armee mit ihrem sehr hohen Kavallerieanteil unterbunden[64].

Neben dem Bewegungskrieg bestand ein weiteres Merkmal der Ostfront im Vergleich zu den Kämpfen im Westen darin, dass hier während der gesamten Kriegsdauer ein Koalitionskrieg geführt wurde. Gemeinsam mit der Donaumonarchie kämpften deutsche Truppen gegen das Zarenreich und später auch das Königreich Rumänien. Die Notwendigkeit dieser beiden Mächte, zusammenzuarbeiten erwies sich nicht immer als ausschließlich vorteilhaft, so waren die k.u.k. Truppen nicht nur im Bereich der Luftstreitkräfte auf die Unterstützung und Lieferungen durch ihren Verbündeten angewiesen. Lagen im Westen die Planungen ausschließlich in Händen der OHL, so mussten Vorstöße, wie z.B. 1915 in Galizien, immer mit einem militärisch schwächeren Bündnispartner abgestimmt werden. Hierbei waren nicht nur rein operative Grundsätze, sondern auch das seit 1914 durch zahlreiche Rückschläge angekratzte Selbstwertgefühl der k.u.k. Generalität zu berücksichtigen[65]. Die schlichte Notwendigkeit einer koordinierten gemeinsamen Kriegführung wurde den Beteiligten allerdings erst nach den für die k.u.k.-Monarchie verheerenden ersten Kriegsmonaten bewusst. Bis 1915 war der Krieg laut Richard DiNardo als »parallel war« anstelle eines gemeinsamen Vorgehens Verbündeter geführt worden[66]. Für die an der Ostfront eingesetzten deutschen Fliegerformationen barg dies ebenfalls einige Herausforderungen in sich. Teilweise wurden sie, wie die FFA 36 schon im Herbst 1914, österreichisch-ungarischen Armeekommandos unterstellt, da, wie selbst österreichische Autoren es beschreiben, die Flik vor Ort vor allem wegen der katastrophalen materiellen Lage den Anforderungen nicht gerecht wurden[67]. Zudem fiel deutschen Abteilungen wie beispielsweise im Sommer 1917 die Aufgabe zu, die wegen der Unterlegenheit ihrer Verbündeten zeitweilig an die russischen Flieger verlorene regionale Luftüberlegenheit wieder zu erkämpfen[68].

Neben der Kriegführung als Teil einer Koalition mussten sich die Luftstreitkräfte der Mittelmächte aus der Kampfführung resultierenden praktischen Herausforderungen stellen. Die Phasen des Bewegungskrieges brachten es mit sich, dass die Feldflugplätze zeitweilig oft und schnell gewechselt werden mussten, um mit den

63 Koerber, Das fliegende Heer, S. 9.

64 Arndt, Der Luftkrieg, S. 559; Baur, Wir Flieger, S. 19; Hoeppner, Deutschlands Krieg in der Luft, S. 46; Loewenstern, Der Frontflieger, S. 27; Strachan, Die Ostfront, S. 23; Supf, Das Buch der deutschen Fluggeschichte, S. 275; Willmot, Der Erste Weltkrieg, S. 147.

65 Arndt, Die Fliegerwaffe, S. 352; Bickers, The First Great Air War, S. 62; Kroener, Krieg, Militär und Raum, S. 168.

66 DiNardo, Breakthrough, S. 8.

67 Neumann, Die deutschen Luftstreitkräfte, S. 464; Peter, Die k.u.k.-Luftschiffer- und Fliegertruppe, S. 119; Die Tätigkeit, S. 41.

68 Campbell, Aces and Aircraft, S. 74.

Die positiven Seiten des Koalitionskrieges: Deutsche und österreichisch-ungarische Flieger bei einer gemeinsamen Feier. Bilder der beiden Kaiser durften hierbei natürlich nicht fehlen.
(Mit freundlicher Genehmigung von Angelika Anslinger)

fortschreitenden Bodentruppen Schritt halten zu können. Allein die sieben Flik der k.u.k. Luftfahrtruppen führten von August bis Dezember 1914 114 Verlegungen durch, wenn auch meist in Form von taktischen Rückzügen[69]. Im August 1915 hatte die FFA 15 in Oknisty schon ihren 28. Feldflugplatz eingenommen[70]. Teilweise führten die Fliegerabteilungen daher ein »überschlagendes« Verfahren bei Verlegungen ein: »Einige Abteilungen gingen später dazu über, nur 2 Flugzeuge an jedem Flugplatz abzuladen und aufzumontieren[71].« Dass der Krieg im Osten am Boden mitunter binnen Stunden große Truppenverschiebungen erforderte, erlebte Anslinger u.a. während der Brussilow-Offensive am eigenen Leib: »Als ich zu meinem Platz zurückflog, hatte sich die Situation vorn an der Front weiter verschlechtert und österr. Pioniere waren gerade dabei, quer über meine Landewiese Schützengräben auszuheben[72].« Die vielen Verlegungen bedeuteten generell eine höhere Belastung und damit Verschleiß für die einzelnen Maschinen und Bodengeräte. Ein weiteres Problem bestand gelegentlich darin, ohne Funkverbindung und nur mit Hilfe provisorischer Sichtzeichen am Boden den neuen Einsatzflugplatz in einem zumeist fremden Gebiet zu finden und dort sicher zu landen. Transporte von Flugzeugen erfolgten deshalb, sofern die lokale Infrastruktur und die Zeit es erlaubten, per Eisenbahn oder Straße, um unnötige Verluste durch Bruchlandungen auf unbekannten Pisten

69 Die Tätigkeit, S. 98.
70 Loewenstern, Der Frontflieger, S. 87.
71 Nachrichtenblatt der Luftstreitkräfte, 2 (4.7.1918), 19, S. 271.
72 Anslinger, Aus meinem Fliegerleben, S. 126.

zu vermeiden[73]. Außerdem wurden, wie an der Westfront, die Flieger zu Beginn des Krieges oft Opfer des sogenannten friendly fire, da für gewöhnlich Soldaten aller Seiten auf alle Flugzeuge das Feuer eröffneten. Zwar führte dieser Beschuss nur selten zum Verlust eines Flugzeuges, doch war die Verwundung eines Besatzungsmitglieds oder die Beschädigung einer der wenigen Maschinen gerade zu Beginn des Krieges sehr unvorteilhaft[74].

Die Luftstreitkräfte an der Ostfront mussten also überwiegend unter den Bedingungen eines Bewegungskrieges operieren, was so zum ersten Mal in der Militärgeschichte der Fall war. Des Weiteren galt es an einem »Nebenkriegsschauplatz« gemeinsam mit einem schwächeren Bündnispartner gegen einen zahlenmäßig am Boden wie in der Luft überlegenen Gegner zu kämpfen. Im Rahmen größerer Operationen galt es, sich stets dazu bereit zu halten, zügig neue Einsatzbasen zu beziehen und sich in fremden Gebieten schnell über die aktuelle Gesamtlage im Klaren zu werden. Auf Grundlage dieser Faktoren lässt sich für die taktische Dimension der Ostfront als »Raum« ein spezifisches Anforderungsprofil für die dort zum Einsatz kommenden Luftstreitkräfte entwickeln. Bedingt durch die Schwäche der zarischen Luftstreitkräfte konnten die Aktivitäten der Mittelmächte in der Luft bis weit ins Jahr 1917 hinein weitgehend ohne eine essenzielle Bedrohung durch gegnerische Fliegertruppen durchgeführt werden. Auf die vermehrte Aufstellung von Einheiten zur Abwehr gegnerischer Flugzeuge, die ab 1916 einen immer größeren Anteil der Fliegerformationen an der Westfront stellten, konnte daher lange Zeit verzichtet werden[75]. Erst ab dem Frühjahr 1917 wurde die Abwehr feindlicher Flieger bzw. das Begleiten eigener Maschinen über feindlichem Gebiet zu einem ständigen Auftrag dort stationierter Jagdeinsitzer. Das Abschirmen eigener Vorbereitungen aus der Luft in Form von Patrouillenflügen und der gezielten Jagd auf russische Fesselballons wurde hingegen bereits bei der Vorbereitung des Durchbruchs bei Gorlice und Tarnow durchgeführt[76].

Durch die ständigen Bewegungen und die nur wenigen ausgebauten Stellungssysteme hatten die Streitkräfte aller Parteien riesige Spielräume. Deshalb musste ein geeignetes Mittel zu deren Überwachung gefunden werden, da die Kavallerie diese nicht in dem erforderlichen Maße leisten konnte. Die Hauptaufgabe auf der taktischen Ebene bestand daher während des gesamten Konfliktes in der Aufklärung. Hiermit war sowohl die taktische Erkundung direkt über den Frontlinien, die ebenfalls von Fesselballons ausgeführt werden konnte, als auch die operative Aufklärung

---

[73] Richthofen, Der rote Kampfflieger, S. 41; Schilling, Flieger an allen Fronten, S. 34.

[74] BArch, RL 2 IV/266, Flieger bei Tannenberg, S. 4; DTMB, NL 151: Nachlass Ernst Eberstein, S. 2 f.; Unsere Flieger im Kriege, S. 18; Joachimczyk, Der Krieg, S. 25; Koerber, Das fliegende Heer, S. 16, 18; Die Tätigkeit, S. 104; Mühlig-Hofmann, Zwei Kriegsflüge, S. 9.

[75] Chant, The Illustrated History, S. 67; Groehler, Geschichte des Luftkriegs, S. 20; Hoeppner, Deutschlands Krieg in der Luft, S. 47; Kilduff, Germany's First Air Force, S. 58; Kilmarx, A History of Soviet Air Power, S. 21 f. An der Westfront steigerte sich der Anteil der Jagdeinsitzer an den Fliegerformationen stetig, sodass er im April 1918 bei 43,3 Prozent lag, siehe BArch, RL 2 IV/295, Akten-Ordner Nr. 5: Deutsche Luftstreitkräfte (Weltkrieg).

[76] DiNardo, Breakthrough, S. 60.

mitunter mehrere 100 Kilometer über russischem Territorium gemeint[77]. Beide Einsatzformen waren auf dem weitläufigen und deshalb nur schwer zu überwachenden osteuropäischen Kriegsschauplatz besonders beim Vorrücken auf russisches Gebiet unentbehrlich. Auch zum Flankenschutz war die vorherige Aufklärung der Einsatzgebiete für die Streitkräfte der Mittelmächte von großer Bedeutung, um eventuellen Gegenangriffen rechtzeitig begegnen zu können[78].

Neben der Nah- und Fernaufklärung wurden die Fliegerformationen an der Ostfront zunehmend für die Artilleriebeobachtung interessant. Vorreiter auf diesem Gebiet waren die k.u.k. Fliegertruppen, die seit dem Herbst 1913 mit Funkgeräten zur Leitung des Artilleriefeuers experimentiert hatten[79]. Bei den deutschen Militärs reifte die Idee, Flugzeuge zur Trefferoptimierung der Geschütze zu nutzen erst nach einigen Kriegsmonaten. Anfang 1915 wurde durch meist improvisierte, zuvor abgesprochene optische Signale damit begonnen, Schusskorrekturen vom Flugzeug aus zu leiten, bevor im Frühjahr 1915 erste Funkgeräte verfügbar wurden. Besonders während der großen Offensiven und Defensiven an der Ostfront ab 1916 entwickelte sich die Artilleriefliegerei zu einem wichtigen Garanten für den erfolgreichen Einsatz der Artillerie der Mittelmächte. Bei der Abwehr der Brussilow- und der Kerenski-Offensiven gelang es durch diesen taktischen Vorteil, die Artillerieduelle mit der zarischen Artillerie zu gewinnen und die feindlichen Batterien effizient und punktgenau zu bekämpfen[80].

Weiterhin waren die Fliegereinheiten im Osten dafür vorgesehen, feindliche Stellungen und Nachschubwege direkt zu bekämpfen, wofür anfangs überwiegend Zeppeline geplant waren[81]. Schon Ende August 1914 wurden im Osten Flugzeuge dazu eingesetzt, russische Lager mit improvisierten Bomben zu bewerfen[82]. Wegen der fehlenden ballistischen Kenntnisse und dem nur geringen Gewicht der Sprengkörper entfaltete dies eine eher symbolische Wirkung. Sehr effektiv wurde die Bekämpfung russischer Lager, Depots, Bahnhöfe, Züge oder Nachschubkolonnen, da wegen der dürftigen Infrastruktur und der während des gesamten Krieges schlechten Nachschublage der zarischen Armee deren Aktionen durch gezielte Angriffe empfindlich gestört werden konnten. Zusätzlich wurden die Abteilungen als Schlachtflieger ab 1915 immer öfter für Eingriffe in die Kämpfe am Boden sowohl bei Offensiv- als auch bei Defensivoperationen herangezogen[83].

Neben diesen Aufgaben, welche die Hauptanforderungen für die Fliegertruppen der Mittelmächte an der Ostfront darstellten, traten noch weitere, die allerdings

---

77 Carganico, Mit der B.A.O., S. 379; Neumann, Die deutschen Luftstreitkräfte, S. 403. Allein der FFA 15 war beispielsweise im Herbst 1914 ein Sektor von 90 mal 250 Kilometern zugewiesen, was eine lückenlose Überwachung unmöglich machte, siehe Loewenstern, Der Frontflieger, S. 62.

78 BArch, RL 2 IV/295, Akten-Ordner Nr. 5: Deutsche Luftstreitkräfte (Weltkrieg). Zusammenwirken der Luftwaffe mit dem Heer, S. 2; Kilduff, Germany's First Air Force, S. 57.

79 Peter, Die k.u.k. Luftschiffer- und Fliegertruppe, S. 94.

80 BArch, PH 9 VI/11; Baur, Wir Flieger, S. 91; Cuneo, Winged Mars, S. 192; Middleton, The Great War in the Air, Bd 1, S. 214; Die Kriegführung im Herbst 1916, S. 347; Schröder, Erlebter Krieg, S. 188–190, 198.

81 Neumann, Die deutschen Luftstreitkräfte, S. 243, 363; Lehmann, Auf Luftpatrouille, S. 81.

82 Die Tätigkeit, S. 5.

83 Cuneo, Winged Mars, S. 273 f.

in weit geringerem Umfang durchgeführt wurden. Neben dem Abwurf von Propagandaflugblättern in russischer oder ruthenischer Sprache bestand in der Übernahme der Kommunikation zwischen räumlich teilweise weit getrennt vorgehenden oder gar eingeschlossenen Armeeeinheiten ein wichtiges Betätigungsfeld[84]. Hierbei kam es an der Ostfront sogar zur Einrichtung der ersten, wenn auch sehr kleinen Luftbrücke der Geschichte durch Angehörige der Flik 11 während der langwierigen Belagerung der Festung Przemysl im Winter 1914/15. Über nahezu fünf Monate gelang es durch eine sporadische Luftpostverbindung und das gelegentliche Mitführen von Waren in kleinen Mengen die Kampfmoral der eingeschlossenen Truppen etwas zu heben[85]. Bestand keine Funkverbindung und war der Einsatz von Meldern nicht möglich, wurden generell Befehle und Meldungen von einem Armeekommando zum anderen geflogen. Diese Vorgehensweise bot im Herbst 1914 und ironischerweise wieder zum Abschluss der Kämpfe im Frühjahr 1918 eine geeignete und vor allem rasche Möglichkeit der Kommunikation[86].

Hinzu kamen Besonderheiten, mit denen die Besatzungen den speziellen geografischen, klimatischen und infrastrukturellen Gegebenheiten begegneten. Hierbei spielte neben einem guten Orientierungssinn und dem im Osten oft besonders wichtigen fliegerischen Geschick vor allem die Fähigkeit zur Improvisation auf allen Kommandoebenen eine wichtige Rolle. Nur so konnte den vielfach für Luftstreitkräfte aller Art sehr widrigen Bedingungen an der Ostfront erfolgreich begegnet werden. An der Ostfront wurden also neben erhöhter Mobilität und Flexibilität weitaus vielfältigere Fähigkeiten im Bereich der Fern- und Nahaufklärung, Artilleriebeobachtung, Kommunikation und Bombenflüge im Bewegungs- wie auch Stellungskrieg als im Westen gefordert[87]. Wie aufseiten der Mittelmächte auf diese Anforderungen reagiert wurde, wird im folgenden Kapitel zur taktischen Dimension der Ostfront als »Raum« untersucht.

---

84 Die Tätigkeit, S. 95. Hierbei muss angemerkt werden, dass bis 1915 der Abwurf von Flugblättern durch Flugzeuge mitunter untersagt wurde, um zu verhindern, dass diese in die Hände russischer Offiziere gelangten, siehe HStA Stuttgart, M 33/2, Gen.Kdo. XIII. A.K. 1914–1918, Anweisung vom 1.4.1915.

85 Otto, Allerlei Fliegergeschichten, S. 110; Peter, Die k.u.k.-Luftschiffer- und Fliegertruppe, S. 126. Die Flik 11 musste nach dem Fall Przemysls allerdings als Totalverlust abgeschrieben werden, siehe Meindl, Luftsiege der k.u.k. Luftfahrtruppen, S. 6.

86 Bülow, Geschichte der Luftwaffe, S. 56; Der Luftkrieg 1914–1915, S. 121; Nachrichtenblatt der Luftstreitkräfte, 1 (30.8.1917), 27, S. 179.

87 Arndt, Der Luftkrieg, S. 641; Hoeppner, Deutschlands Krieg in der Luft, S. 45; Loewenstern, Der Frontflieger, S. 37; Schilling, Flieger an allen Fronten, S. 34.

IV. Die taktische Dimension der Ostfront als »Raum« für die Luftstreitkräfte

1. Umfang und Ausstattung der deutschen Luftstreitkräfte im Osten

Die im vorangegangenen Kapitel beschriebenen Bedingungen und Anforderungen für die Luftstreitkräfte im »Raum« Ostfront mussten von diesen ohne jegliche vorherige Erfahrungen umgesetzt werden. Diese Realisierung auf der überwiegend taktischen Ebene wird in diesem Kapitel untersucht, wobei zunächst Umfang und Ausstattung der zur Verfügung stehenden Kräfte behandelt werden.

Bei Kriegsbeginn standen der 8. Armee im Osten plangemäß vier Feldfliegerabteilungen zur Verfügung, die von sechs Fesselballons, drei Festungsfliegerabteilungen, drei Luftschiffen und dem Etappen-Flugzeugpark 8 unterstützt werden sollten[1]. Diese geringe Anzahl wurde im Zuge des allgemeinen Ausbaus der Fliegertruppe erhöht, sodass im Herbst sechs und bis Jahresende schließlich sieben Abteilungen mit einer Sollstärke von über 40 Flugzeugen einsatzbereit waren[2]. Hinzu kamen noch die anfangs sieben und 1915 auf zehn erhöhten Flik der k.u.k. Verbündeten. Die im Osten obsolet gewordenen Festungsfliegerabteilungen wurden allesamt bis zum April 1915 in Feldfliegerabteilungen umgewandelt[3]. Ein Teil dieser Einheiten, wie z.B. die FFA 14, 31 oder 37 blieben bis Anfang 1918 im Osten eingesetzt, wohingegen die Masse zwischenzeitlich ebenfalls an anderen Fronten flog. Die vorhandenen Luftschiffe erwiesen sich schon bald als geeignetes Fernaufklärungsmittel für die Dimensionen des östlichen Kriegsschauplatzes, weshalb Hindenburg vor Beginn der

---

[1] Im Osten verfügbar waren die FFA 14, 15, 16, 17, die am 1.8.1914 aus dem Flieger-Btl. 2 hervorgegangen waren. Hinzu kamen die Luftschiffe Sachsen, Hansa und Viktoria-Luise sowie die Festungsfliegerabteilungen in Posen (4), Kulm (6) und Lotzen (5), siehe BArch, PH 5 II/279, Abschrift des Kriegstagebuches der 9. Armee, 19.9.–31.12.1914, 23.9.14, 25.9.14, 26.9.14; Die Feldpost, S. 42, 130; Griehl/Dressel, Zeppelin!, S. 79.

[2] BArch, PH 5 II/279, Abschrift des Kriegstagebuches der 9. Armee, 19.9.–31.12.1914, 23.9.14; BArch, RL 2 IV/284, Die Luftwaffe während des Feldzuges in Polen im Herbst 1914 (September bis Dezember 1914); Blume, The Russian Military Air Fleet, Bd 1, S. 114.

[3] Folgende Festungsfliegerabteilungen wurden umgewandelt: Festungsflieger-Abtlg. 4 (Posen) am 29.8.1914 zur FFA 36, Festungsflieger-Abtlg. 5 (Königsberg) am 13.9.1914 zur FFA 45, Festungsflieger-Abtlg. 6 (Graudenz) am 13.9.1914 zur FFA 43, Festungsflieger-Abtlg. 7 (Boyen) am 13.9.1914 zur FFA 37, Festungsflieger-Abtlg. 8 (Breslau) am 18.1.1915 zur FFA 52, Festungsflieger-Abtlg. 9 (Glogau) am 29.12.1914 zur FFA 48, 2. Festungsflieger-Abtlg. Posen am 29.11.1914 zur FFA 47, 2. Festungsflieger-Abtlg. Boyen am 1.4.1915 zur FFA 58, 2. Festungsflieger-Abtlg. Königsberg am 18.1.1915 zur FFA 51, 2. Festungsflieger-Abtlg. Graudenz am 14.3.1915 zur FFA 56, siehe Die Feldpost, S. 51 f.

ersten Offensiven der neu aufgestellten 9. Armee im Herbst 1914 möglichst viele von ihnen anforderte[4]. Luftschiffe leisteten an der Ostfront entgegen der Annahme Cuneos durchaus nützliche Dienste, da sie bei ihren bis zu 17 Stunden langen Fahrten weit mehr als 1000 Kilometer zurücklegen und dabei noch Bombenzuladungen von mehr als einer Tonne mitführen konnten[5]. Daher standen bis 1917 regelmäßig vier bis fünf dieser Giganten an der Ostfront im Einsatz, auch wenn sie durch die insgesamt geringe Anzahl an Einsatzfahrten keine entscheidende Bedeutung erlangten. Ähnlich sind die Flüge der RFA 500 und 501 ab Herbst 1916 von Alt-Auz in Kurland und Kowno, dem heutigen Kaunas, aus einzuschätzen, die durch die geringe Zahl an Maschinen und Einsätzen quantitativ nicht wesentlich ins Gewicht fielen[6].

Die weitere Entwicklung der Luftstreitkräfte im Osten war von einem rasanten Ausbau geprägt, der durch den Entschluss der OHL, 1915 im Osten eine Entscheidung zu suchen, gefördert wurde. Standen den Mittelmächten im Februar 1915 insgesamt 16 Feldfliegerabteilungen und sieben Flik zur Verfügung, hatte sich die Zahl bis Juli im Zuge der großen Offensive in Galizien auf 39 Fliegerformationen im Ganzen erhöht[7]. Den einzelnen Armeen oder Korps wurden hierbei in der Regel vier bis sechs fliegende Verbände unterstellt, wobei im südlichen Abschnitt der Ostfront österreichisch-ungarische Einheiten mit deutschen gemeinsam operierten. Abgesehen von größeren Offensiv- oder Defensivaktionen umfasste die reguläre Stärke der den diversen Armeen zugeordneten Abteilungen selten mehr als 40 bis 50 Maschinen, die ein ungleich größeres Frontgebiet als im Westen abdecken mussten. Die verschiedenen Feldfliegerabteilungen waren wiederum meist bis auf eine, die dem jeweiligen AOK direkt unterstand, einzelnen Korps oder Divisionen zugeteilt[8]. Interessant in diesem Zusammenhang ist, dass den Armeen an der Westfront abgesehen von den Jagdstaffeln in etwa gleich viele Abteilungen zur Verfügung standen. Erst ab Ende 1917 erhöhte sich diese Anzahl an der Westfront signifikant.

Rechnerisch lag die Frontlänge pro Abteilung Mitte 1916 im Osten bei 31 Kilometer, wobei an der Westfront auf eine Abteilung lediglich 8,5 Kilometer kamen[9]. Der Umfang der Luftstreitkräfte stieg bis 1917 noch einmal erheblich, sodass zur Abwehr der Kerenski-Offensive im Sommer 1917 allein in dem betroffenen Frontabschnitt 37 Flik und Fliegerabteilungen mit über 200 Maschinen bereitstanden[10]. Als im Herbst 1917 die Vorbereitungen für die Einnahme der Inseln im

4 BArch, RL 2 IV/273, Die deutschen Luftstreitkräfte im Weltkrieg (Kürzester Überblick), S. 2 f. Hindenburg wurden allerdings lediglich drei bewilligt, von denen zwei aus unterschiedlichen Gründen verloren gingen, siehe Griehl/Dressel, Zeppelin!, S. 89; Neumann, Die deutschen Luftstreitkräfte, S. 364.

5 Cooper, The Story, S. 115; Cuneo, Winged Mars, S. 110; Dominik, Unsere Luftflotten, S. 13; Griehl/Dressel, Zeppelin!, S. 81; Imrie, Pictorial History, S. 23 f., 37; Lehmann, Auf Luftpatrouille, S. 89.

6 Blume, Air War East, S. 152; Cooper, The Story, S. 44; Haddow/Grosz, The German Giants, S. 7; Neumann, Die deutschen Luftstreitkräfte, S. 433.

7 Blume, The Russian Military Air Fleet, Bd 1, S. 147; Neumann, Die deutschen Luftstreitkräfte, S. 465.

8 Vgl. UTD, Ed Ferko Collection, Box 509, Folder 2, Numbers 1916 E. Front; ebd., Box 509, Folder 2, ILuft 103, Dokument 46.

9 Arndt, Der Luftkrieg, S. 641.

10 Blume, The Russian Military Air Fleet, Bd 1, S. 244.

Rigaischen Meerbusen begannen, wurden in diesem Gebiet über 100 Flugzeuge zusammengezogen, von denen bei der Einnahme 75 ohne eigene Verluste beteiligt waren[11]. Daher trifft es, wie u.a. bei Aaron Norman zu lesen, nicht zu, dass sich an der Ostfront nie größere Luftkriegsaktivitäten entwickelt hätten, da stets mehrere hundert Flugzeuge auf beiden Seiten einsatzbereit waren und bei Bedarf auf kleinstem Raum konzentriert wurden[12]. Allein auf dem Flugfeld in Kowel war im Sommer 1916 neben vier Feldfliegerabteilungen und einer Flik zusätzlich ein vollständiges Kampfgeschwader mit 36 Maschinen stationiert, sodass in einem vergleichsweise kleinen Gebiet über 80 Flugzeuge zum Einsatz gebracht werden konnten[13]. Insgesamt war die Flugzeugkonzentration zwar noch erheblich höher als an anderen »Nebenkriegsschauplätzen«, doch blieb die Materialdecke in Anbetracht der schwierigen fliegerischen Bedingungen und der Dimensionen des »Kampfraumes« relativ dünn. Ähnlich gestaltete sich das Bild bei den Flakeinheiten, die hauptsächlich in der Nähe der Armeehauptquartiere und wichtiger Nachschubeinrichtungen aufgestellt waren[14].

Wie im Westen kamen seit dem Frühsommer 1915 neben den Feldflieger- und Artilleriefliegerabteilungen die ersten Jagdeinsitzer vom Typ Pfalz E. I oder Fokker E. I an die Ostfront und wurden in verschiedenen Kommandos zusammengefasst. Im Mai 1916 waren im nördlichen Frontabschnitt Kampfeinsitzerkommandos mit jeweils einer bis drei Maschinen bei Groß Salven, Peterhof und Paulsgnade stationiert. Diese waren, wie zur gleichen Zeit an der Westfront, mit kommandiertem Personal organisatorisch einzelnen Feldfliegerabteilungen angegliedert[15]. Die gerade an der Ostfront benötigte flexible Gliederung in Form von Jagd- und Kampfeinsitzerkommandos blieb nach der Aufstellung erster Jagdstaffeln an anderen Fronten im Sommer 1916 bestehen. Im Bereich der deutschen Südarmee wurden von den dortigen Fliegerabteilungen Kampfstaffeln mit bis zu fünf Maschinen gebildet, die teilweise bis zum Dezember 1917 bestehen blieben. Hier befanden sich zeitgleich ähnliche Kommandos u.a. in Jezierna, Folwo Waga und Podhajce[16]. Während des Höhepunktes der russischen Luftkriegsaktivitäten im Frühsommer 1917 existierten sogar zwölf verschiedene dieser mit Jagdeinsitzern ausgerüsteten Kleinverbände, die den FA 31, 35, 37, 43 sowie den FA (A) 214, 218, 220, 230, 232 und 242w zugeteilt waren[17]. Dennoch wurde erst im Juni 1917 zusätzlich eine vollwertige eigenständige Jagdstaffel mit zwölf Einsatz- und zwei Reservemaschinen für

[11] Neumann, Die deutschen Luftstreitkräfte, S. 554 f.; Tschischwitz, Armee, S. 165.

[12] Vgl. Norman, The Great Air War, S. 166.

[13] Cossel, Feldflieger, S. 185; Die Operationen des Jahres 1916, (Bd 10), S. 501; Schäfer, Vom Jäger zum Flieger, S. 68.

[14] Hoeppner, Deutschlands Krieg in der Luft, S. 64.

[15] Anslinger, Aus meinem Fliegerleben, S. 112 f.; BArch, PH 5/490, Akten des Ballon-Abwehr-Kanonen-Zugs I, Feld-Art.-Reg. 47, Befehl vom 13.5.1916; Bormann, Als Ballontöter im Osten, S. 119.

[16] BArch, PH 5 II/336, Befehle und Akten der Kaiserlich-Deutschen Südarmee 1916, 28.6.1916. Für die Bezeichnung dieser Jagdformationen gab es keine einheitliche Regelung. Einheiten dieses Typs operierten z.B. unter den Namen Fokkerstaffel, Kampfeinsitzerkommando, Kampfstaffel oder Einsitzer-Staffel, siehe Die Feldpost, S. 108–113.

[17] Die Feldpost, S. 108–113; UTD, Ed Ferko Collection, Box 31, Folder 4, German Research Notes.

die Ostfront aufgestellt. Diese flog mit ihren Maschinen vom Typ Albatros D. III, D. V und Roland D. II zunächst unter dem Namen Jasta »Ober Ost« und später als Jasta 81, bevor sie im März 1918 an die Westfront verlegt wurde[18]. Nachdem erste Waffenstillstandsverhandlungen Ende 1917 mit den Bolscheviki eröffnet worden waren, begann zeitgleich die Verlegung der Masse der fliegenden Einheiten an die Westfront. Dennoch blieben Luftstreitkräfte während der weiteren Operationen nach Aufhebung des Waffenstillstandes unverzichtbar. Dies führte dazu, dass während des deutschen Vormarsches im Frühjahr 1918 eilig aufgestellte »Frontstaffeln« der Artilleriefliegerschule Ost I von Alt Auz aus operierten[19]. Nur wenige reguläre Abteilungen verblieben nach Abschluss des Friedensvertrages von Brest-Litowsk noch im Osten stationiert und unterstützten dort hauptsächlich das neue ukrainische Regime unter Pavlo Skoropadskij (1873–1945) bei deren Kampf gegen kriminelle Banden oder Kämpfer der Bolscheviki[20].

Zusammenfassend lässt sich zum Umfang der deutschen Luftstreitkräfte an der Ostfront sagen, dass diese in der Regel mit weniger Maschinen einen weit größeren Raum abdecken mussten als ihre Kameraden an der Westfront. Die Vermehrung der Abteilungen im Schatten der Westfront schritt jedoch zügig voran, wodurch ab Mitte 1915 gemeinsam mit österreichisch-ungarischen Flik im Schnitt weit über 200 Mehrzweckmaschinen entlang der Front stationiert waren, wobei deren Zahl bei Bedarf deutlich erhöht und in einem Bereich konzentriert werden konnte. Insgesamt lassen sich anhand vielfältiger Quellen über 70 fliegende Abteilungen auf deutscher Seite nachweisen, die über einen mehr oder weniger langen Zeitraum an der Ostfront Dienst taten. Die tatsächliche Einsatzbereitschaft der Fliegertruppen im Osten dürfte allerdings je nach Witterungsbedingungen und sonstigen Belastungen schätzungsweise zwischen 50 und 80 Prozent betragen haben. Dazu kamen neben einigen Luftschiffen, Riesenflugzeugen und Kampfgeschwadern noch Jagdeinsitzer, deren Anzahl auf deutscher Seite aber nie merklich höher als 40 bis 50 Exemplare gewesen sein dürfte.

Wichtig für den wirkungsvollen Einsatz von Luftstreitkräften ist neben deren quantitativem Umfang naturgemäß deren Qualität. Die bisherige Literatur vertrat überwiegend die Meinung, die Ausrüstung der deutschen Luftstreitkräfte an der Ostfront im Ersten Weltkrieg hätte aus technisch veraltetem Material bestanden, da modernes Gerät im Schwerpunkt an der Westfront benötigt worden sei[21]. Zu Beginn des Krieges war die Ausstattung der deutschen Fliegertruppen an der Ost- wie an der Westfront identisch. Die in Vorkriegsmanövern bewährte Rumpler Taube, ein im Grunde illegaler Lizenzbau einer Konstruktion des österreichischen

18 Blume, The Russian Military Air Fleet, Bd 1, S. 242; Neumann, Die deutschen Luftstreitkräfte, S. 71; Pawlas, Deutsche Flugzeuge, S. 23. Bezeichnend für die geringen Anforderungen an die Jagdflieger im Osten war zudem, dass sie bis 1917 nicht zwingend eine Kampfeinsitzerschule besucht haben mussten. Erst ab 1917 wurde eine Kampfeinsitzerschule in Warschau eingerichtet, siehe Above the Lines, S. 21; Anslinger, Aus meinem Fliegerleben, S. 116; Blume, The Russian Military Air Fleet, Bd 1, S. 184, 241; Neumann, Die deutschen Luftstreitkräfte, S. 271.

19 Nachrichtenblatt der Luftstreitkräfte, 2 (7.3.1918), 2, S. 17.

20 Ebd., 2 (27.6.1918), 18, S. 258; ebd., 2 (22.8.1918), 26, S. 388; ebd., 2 (5.9.1918), 28, S. 429.

21 Arndt, Die Fliegerwaffe, S. 363; Kennett, The First Air War, S. 176.

Flugzeugpioniers August Euler (1868–1957), bildete zusammen mit einigen Doppeldeckerkonstruktionen das Rückgrat der Feldfliegerabteilungen und lieferte während der Gefechte in Ostpreußen wichtige Erkenntnisse über Positionen und Stärke der russischen Armeen[22]. Dennoch beklagten die Piloten schon nach wenigen Wochen, dass es sich bei ihren Maschinen weder um modernes Fluggerät noch um echte Kampfflugzeuge handelte[23]. Einen ersten Fortschritt bedeutete daher die vermehrte Lieferung von Doppeldeckern des Typs B ab dem Herbst 1914. Diese Maschinen waren besser motorisiert als die Tauben und deshalb in der Lage, auch bei widrigeren Windverhältnissen in der Luft Kurs halten zu können. 1915 wurde auf Initiative des Feldflugchefs die Einführung der sogenannten C-Typen beschlossen, für die als Mindestanforderungen u.a. eine Bewaffnung mit mindestens zwei Maschinengewehren und eine Höchstgeschwindigkeit von wenigstens 160 Stundenkilometern galten[24]. Diese Maschinen trafen erstmals im Laufe des Sommers 1915 bei den Feldfliegerabteilungen ein und stellten dort bis Kriegsende die Masse der Flugzeuge.

Die Ausstattung der Einheiten mit diesen Mehrzweckmaschinen lässt entgegen der bisherigen Betrachtungsweise anhand ausgewerteter Fliegermeldungen und Aufzeichnungen keine eklatante Rückständigkeit bei der Ausrüstung der Ostfront mit diesen Flugzeugen erkennen. Die jeweiligen Einsatzzeiträume der Maschinen unterschieden sich kaum von zeitgleich an anderen Fronten eingesetzten C-Typen[25]. Wie zudem aus einem Schreiben aus Berlin an das königlich-bayrische Kriegsministerium vom März 1915 hervorgeht, war eine Benachteiligung der im Osten stehenden Einheiten zu diesem Zeitpunkt keineswegs geplant: »Von 2 bereits fertiggestellten Flugzeugen sollen je 1 der West- und Ostarmee zur Verfügung gestellt werden[26].« Selbst in den letzten beiden Kriegsjahren gab es keine gravierende Rückständigkeit der Fliegerabteilungen an der Ostfront, die auf eine bewusst benachteiligte Versorgung schließen ließe. Auch bei der Ausstattung der Flugzeuge waren die Abteilungen im Krieg gegen Russland auf der Höhe der Zeit, wie z.B. die Einführung der ersten Funkentelegrafengeräte zur verbesserten Kommunikation bei der Artilleriebeobachtung unmittelbar nach der allgemeinen Einführung im Frühjahr 1915 zeigt[27].

---

22 Groehler, Geschichte des Luftkriegs, S. 21; Kens/Müller, Die Flugzeuge, S. 14 f.; Morrow, Building German Airpower, S. 81.

23 Bülow, Geschichte der Luftwaffe, S. 41; Loewenstern, Der Frontflieger, S. 30.

24 BArch, PH 17 I/84, Protokoll ueber die Besprechungen beim Feldflugchef am 6.8.1915. Eine weitere Neuerung betraf die Anordnung des Piloten vor dem Beobachter, der dadurch nun nicht nur besser seinen Aufklärungsaufgaben nachgehen, sondern auch ein auf einem Drehring laffetiertes Maschinengewehr zur Bekämpfung anderer Flugzeuge oder von Erdzielen bedienen konnte, siehe Pawlas, Deutsche Flugzeuge, S. 10; Schilling, Flieger an allen Fronten, S. 46 f.

25 BArch, PH 19/27, Fliegermeldungen der FA (A) 214; Cossel, Sprengungen, S. 102; Duiven, Further Experiences, S. 1; Gilg, Nimm aufwärts, S. 63, 71; Kilduff, From Russia, S. 166, 168, 172; Schröder, Erlebter Krieg, S. 185.

26 BayHStA, MKr 1404, Betreff: Fliegerwesen.

27 BArch, PH 5 II/282, Abschrift des Kriegstagebuches der 9. Armee, 24.4.–30.6.15, 27.4.15; BArch, PH 17 I/91, Erfahrungen im Gebrauch von FT-Geräten, 3.8.1915; Neumann, Deutsches Kriegsflugwesen, S. 40; Schilling, Flieger an allen Fronten, S. 29.

Lediglich an der Ostfront weniger dringend benötigte Ausrüstungsgegenstände, wie beispielsweise laffetierte Maschinengewehre zur Bekämpfung gegnerischer Flugzeuge, trafen erst mit einer Verzögerung von einigen Monaten nach ihrer Einführung an der Westfront ein[28]. Die bisherige Annahme der generellen technischen Rückständigkeit lässt sich darüber hinaus allein schon dadurch widerlegen, dass es insbesondere ab 1916 regelmäßige Verlegungen von Abteilungen samt Flugzeugen von der Westfront an die Ostfront und umgekehrt gab. Ähnlich verhielt es sich mit der militärischen Luftschifffahrt, in deren Rahmen die Schiffe abwechselnd an verschiedenen Fronten eingesetzt wurden[29]. Hierbei ist zu berücksichtigen, dass wegen der schwächeren russischen Flugabwehr der dortige Einsatz von Heeresluftschiffen bis zu deren allgemeiner Ausmusterung im Juni 1917 auch für Bombardierungen unter günstigen Wetterbedingungen noch möglich blieb. Mit Blick auf die beiden Riesenflugzeugabteilungen lässt sich sogar ein technologischer Vorsprung der Ostfront konstatieren. Sie eignete sich wegen der konstanten deutschen Luftüberlegenheit hervorragend für die Erprobung dieser neuartigen Flugzeuge, welche sich im Gegenzug durch ihre für diesen Kriegsschauplatz wichtige, große Reichweite und ihre Zuverlässigkeit durch die mehreren Motoren bei der Bombardierung des russischen Hinterlandes bewährten. Zusätzlich wurden neuartige technische Verfahren zur Orientierung, wie die Funktriangulation oder optische Hilfsmittel, die in den Weiten des osteuropäischen Einsatzgebietes notwendig waren, dort technisch optimiert[30]. Auf der taktischen Ebene wurde zudem das zuvor von den zarischen Luftstreitkräften eingeführte Verfahren von Flugzeugen als Eskorte verwendet, die neben feindlichen Jägern gezielt russische Flakstellungen attackierten[31].

Obwohl den Fliegerformationen im Osten mit den Riesenflugzeugen sowie den C-Typen, die dort das Rückgrat der Abteilungen bildeten, durchaus leistungsfähige Maschinen zur Verfügung standen, entsprach die Ausstattung mit Jagdflugzeugen in der Regel nicht dem neuesten Stand. Die Länge der Front und die in Relation dazu geringe Anzahl an Flugzeugen mit nur gelegentlich vorkommenden Luftkämpfen machten sie aber auch schlichtweg entbehrlich. Des Weiteren besaßen die damaligen Jagdflugzeuge durch ihre kurze Flugdauer von 90 bis 120 Minuten nur einen geringen Kampfwert für den Einsatz im Osten von oft wesentlich weiter als im Westen hinter der Front gelegenen Basen[32]. Die wenigen Einsitzer vom Typ Fokker E. I, II und III oder Pfalz E. I, die vor Ort ab Sommer 1915 in den vereinzelten Kampfeinsitzer- und Jagdkommandos eingesetzt wurden, waren bei ihrer Einführung durchaus auf der Höhe der Zeit, blieben jedoch weitaus länger im Einsatz, als dies an der

[28] Gilg, Nimm aufwärts, S. 66; Loewenstern, Der Frontflieger, S. 87; Pawlas, Deutsche Flugzeuge, S. 10.
[29] Hoeppner, Deutschlands Krieg in der Luft, S. 95.
[30] BArch, PH 17 I/10, Bericht über RFA 500 und 501, S. 5; Haddow/Grosz, The German Giants, S. 27; Neumann, Die deutschen Luftstreitkräfte, S. 367.
[31] Blume, The Russian Military Air Fleet, Bd 1, S. 194; Haddow/Grosz, The German Giants, S. 19.
[32] Loewenstern, Der Frontflieger, S. 102.

Der 23jährige Dietrich Averes von der Jasta »Ober Ost« im Herbst 1917 vor seiner Albatros D. III. (Mit freundlicher Genehmigung von Evert Averes)

Westfront der Fall war[33]. Dass diese Maschinen an der Ostfront dennoch konkurrenzfähig blieben, war vornehmlich der Schwäche ihrer russischen Pendants und den sehr geringen eigenen Verlusten an Jagdeinsitzern geschuldet, was ein Nachführen neuerer Maschinen überflüssig machte. Die wenigen, vorwiegend aus Frankreich importierten russischen Jagdeinsitzer waren im Wesentlichen, wie die Nieuport XI, XVII oder die Morane-Saulnier N, wie der Fokker Eindecker 1915 entwickelt worden und den zarischen Aufklärern vom Typ Farman XXX oder Lebed 12 waren die deutschen Eindecker selbst 1917 noch überlegen. Erst ab diesem Zeitpunkt, als die zarischen Luftstreitkräfte erste reine Jagdverbände mit zeitgemäßeren Einsitzern ausstatten konnten, erreichten notwendigerweise modernere deutsche Jagdflugzeuge den Osten. Im Einsatz waren hier anfangs erneut an anderen Fronten nicht mehr konkurrenzfähige bzw. entbehrliche Maschinen u.a. des Typs Fokker D. I und D. II, Roland D. II, D. IIa und D. III sowie Halberstadt D. II. Erst die Jasta »Ober Ost« war mit modernen Jagdeinsitzern wie den Albatros D. III und D. V ausgestattet[34].

---

33 Anslinger, Aus meinem Fliegerleben, S. 112; Campbell, Aces and Aircraft, S. 27; Kilduff, Germany's First Air Force, S. 58.

34 Blume, The Russian Military Air Fleet, Bd 1, S. 239, 241 f.; Bormann, Als Ballontöter im Osten, S. 119; Guttman, Balloon-Busting Aces, S. 72; Kulikov, Nieuport 17/23, S. 31; Meos, Allies, S. 322.

Neben der Jagdfliegerei wurde auch die Ausstattung der im Osten eingesetzten Flakeinheiten eher stiefmütterlich betrieben, was die Akten des Ballon-Abwehr-Kanonen-Zuges I vom Feld-Art.-Reg. 47 oder die Memoiren Leutnant Fritz Nagels veranschaulichen. Die gesamte Flugabwehr entlang der Ostfront umfasste im Sommer 1915 nur 47 Geschütze, die zum Teil nicht einmal über geeignete Optiken zur Zielerfassung verfügten und mit denen daher nur Einrichtungen von hoher Bedeutung, wie Hauptquartiere oder logistische Knotenpunkte geschützt wurden[35]. Selbst wichtige potenzielle Ziele wie Armeehauptquartiere wurden zu dieser Zeit nur mit wenigen Geschützen gesichert, wie aus dem Kriegstagebuch der 9. Armee vom 1. Juni 1915 hervorgeht:

> »Die wiederholten Fliegerangriffe auf Lowicz gaben dem A.O.K. Veranlassung die Abwehrmaßregeln neu zu gliedern. Es standen zwei Ballon-Abwehr-Züge, 1 Kraftwagen-Geschütz und ein Scheinwerferzug zur Verfügung[36].«

Doch sollte an dieser Stelle bemerkt werden, dass die geringe Bedrohungslage durch gegnerische Flieger eine technisch hochwertige Ausstattung tatsächlich überflüssig machte. In über zwei Jahren an der Ostfront gelang z.B. dem Flak-Zug 66 nur am 13. März 1917 ein einziger, nach Aussage Nagels eher zufälliger Abschuss: »We were shooting very well, but not better than usual, when all of a sudden the plane came down, burning and breaking up in three parts[37].« Ähnlich erging es anderen Flakeinheiten, da ihnen während des gesamten Krieges lediglich 20 bis 30 russische Maschinen direkt zum Opfer fielen[38].

Insgesamt gesehen war das verfügbare Material der Luftstreitkräfte an der Ostfront gemessen an den Anforderungen weitgehend auf dem Stand der damaligen Technik. Die C-Typen mit ihrer Vielseitigkeit und großen Reichweite genügten den Ansprüchen des osteuropäischen Kriegsschauplatzes in jeglicher Hinsicht und entsprachen den zeitgleich im Westen eingesetzten Maschinen. Gelegentlich, wie bei den Riesenflugzeugabteilungen, diente die Ostfront als Erprobungsfeld für neue Technologien und Taktiken. Lediglich in den unbedeutenderen Sparten der Jagdeinsitzer und der Flak stand über eine lange Zeit hinweg veraltetes Material im Dienst.

2. Luftaufklärung

Die aus den bisherigen Kapiteln und dem Anforderungsprofil hergeleiteten Tätigkeiten der deutschen Luftstreitkräfte an der Ostfront lassen vor allem in der Aufklärung die wichtigste Aufgabe erkennen, weshalb deren praktische Umsetzung an dieser Stelle zuerst behandelt wird.

Im Wesentlichen ging es bei diesen Flügen anfangs schlichtweg darum, russische Truppen zu finden, Umfang und Marschrichtungen abzuschätzen oder

---

35 BArch, PH 5/490, Akten des Ballon-Abwehr-Kanonen-Zugs I, Feld-Art.-Reg. 47; BayHStA, 11. bay. Infanterie-Division, Bd 13, Akt 4, Armeebefehl vom 27.4.1915.

36 BArch, PH 5 II/282, Abschrift des Kriegstagebuches der 9. Armee, 24.4.–30.6.1915, 1.6.1915.

37 Fritz, The Memoirs of a German Lieutenant, S. 60.

38 Blume, The Russian Military Air Fleet, Bd 2, S. 173–260.

Gerüchte über deren Verbleib zu klären. Daher wurden nahezu täglich, sofern die Wetterbedingungen es zuließen, Erkundungsflüge durchgeführt, um die Positionen der russischen Armeekorps und ihre unmittelbaren Anmarschwege in Erfahrung zu bringen. Bereits nach wenigen Wochen dehnten sich die Flugstrecken massiv aus, sodass Flüge mit einer Eindringtiefe auf gegnerisches Gebiet von über 100 Kilometern bedingt durch den mobilen Charakter der Kriegführung an der Ostfront regelmäßig stattfanden[39]. Diese Missionen waren vor dem Hintergrund der noch sehr begrenzten Reichweiten der damaligen Maschinen und den Problemen, die die für Osteuropa typischen Wetterumschwünge erzeugen konnten, beachtliche fliegerische Leistungen. Je nach Verfügbarkeit der Maschinen wurden gelegentlich mehrere Flüge pro Tag von den Besatzungen durchgeführt[40].

Aufgrund der 1914 noch fehlenden Kenntnisse bei der Identifizierung und Abschätzung von Bodentruppen und fehlender Ortskenntnisse des überflogenen Raumes kam es des Öfteren noch zu Falschmeldungen oder gar Verwechslungen feindlicher mit eigenen Verbänden. Gelegentlich hatte dies schwerwiegende Folgen, weshalb die Abteilungen, wie z.B. im Kriegstagebuch der 9. Armee vom 12. Oktober 1914 durch die Armeeoberkommandos nachdrücklich darauf hingewiesen wurden, dass nur einwandfrei erkannte Vorgänge gemeldet werden durften[41]. Die gewonnenen Informationen wurden anfangs per Hand auf eine Lagekarte übertragen und zur unverzüglichen Weitergabe mit leicht erkennbaren Wimpeln ausgestattet an verabredeten Orten abgeworfen[42]. Erste Fotokameras, die das Geschehen am Boden noch deutlicher aufzeichnen konnten, wurden ab Anfang 1915 an allen Fronten verfügbar. Bemerkenswert ist hierbei eine Aussage Loewensterns, der wie seine Kameraden den Mitnahmezwang von Kameras bei Aufklärungsflügen als einen »Misstrauensbeweis« seiner Vorgesetzten empfand[43]. Trotzdem gehörten Kameras bald zum Inventar bei den Flügen, auch wenn in entscheidenden Phasen des Bewegungskrieges im Osten gelegentlich auf die Entwicklung der Filme nicht gewartet und stattdessen auf Skizzen zurückgegriffen wurde. Im Rahmen des Vorstoßes auf Warschau Anfang Oktober 1914 bewahrten die Erkenntnisse aus der Luftaufklärung die Truppen Mackensens sogar vor einem Zusammenstoß mit einer kräftemäßig erheblich überlegenen russischen Armee[44].

Ein Problem für die Luftaufklärung in Ost wie West bestand darin, dass Fliegermeldungen anfangs von manchen Kommandeuren nicht ernst genommen und somit wichtige Erkenntnisse nicht in die Lage einbezogen wurden. Außerdem

---

39 Carganico, Mit der B.A.O., S. 379; Loewenstern, Tannenbergflieger, S. 150; Loewenstern, Der Frontflieger, S. 73.

40 Schilling, Flieger an allen Fronten, S. 33; Schröder, Erlebter Krieg, S. 174.

41 BArch, PH 5 II/279, Abschrift des Kriegstagebuches der 9. Armee, 19.9.–31.12.1914, 12.10.14; Hindenburg, Aus meinem Leben, S. 88; Loewenstern, Tannenbergflieger, S. 150. Zuvor wurden die Beobachtungsoffiziere dazu angehalten, das Gesehene zu interpretieren, da die Kommandeure wie zuvor durch Kavalleriepatrouillen Lageeinschätzungen erwarteten, die aber durch Luftaufklärung mangels Erfahrung noch nicht erbracht werden konnten, siehe Ritter, Der Luftkrieg, S. 52.

42 Arndt, Die Fliegerwaffe, S. 315; Koerber, Das fliegende Heer, S. 132; Loewenstern, Der Frontflieger, S. 80; Ritter, Der Luftkrieg, S. 51.

43 Loewenstern, Der Frontflieger, S. 82; Die Operationen des Jahres 1915, (Bd 9), S. 404.

44 DiNardo, Breakthrough, S. 12.

existierte zu Beginn des Krieges noch die intensiv genutzte Möglichkeit, durch unverschlüsselte russische Funksprüche die Absichten des Gegners zu erfahren, was gewissermaßen eine »Konkurrenz« für die Luftstreitkräfte darstellte[45]. Trotz allem entwickelten sich die Erkundungsflüge schon nach kurzer Zeit nicht zuletzt wegen der hohen Meinung Hindenburgs und Generalmajor Erich Ludendorffs (1865–1937) zu vielgelobten und mitunter entscheidenden Mitteln der Kriegführung an der Ostfront, die neben Erkenntnissen über den Gegner gleichzeitig aktuelles Material zur Erstellung von exakten Karten der Kampfgebiete lieferten[46]. Die Ergebnisse der Luftaufklärung oder deren Ausbleiben bei schlechter Witterung waren täglich in den Kriegstagebüchern der im Osten stehenden Armeen und Armeegruppen aufgeführt, was den hohen Stellenwert für die Kriegführung unterstreicht[47].

Als die Mittelmächte im Herbst 1914 ihre ersten Offensiven starteten, wurde es immer wichtiger, nicht nur die unmittelbaren Truppenbewegungen und Konzentrationen im Bereich der Kampfhandlungen, sondern auch rückwärtige Bahntransporte, Depots, Brücken und Nachschubwege des Gegners überwachen zu können. Die Methoden der Besatzungen verfeinerten sich schnell, weshalb z.B. neben der bloßen Anwesenheit von Zügen nach kurzer Zeit zusätzliche Angaben über Zuglängen, Waggontypen, Haltestellen oder Dampfentwicklung vorlagen[48]. Von Vorteil war hierbei ausnahmsweise der unzureichende Ausbauzustand der Infrastruktur in Osteuropa, der die notwendige Überwachung auf die wenigen vorhandenen, gut ausgebauten Straßen- und Schienennetze reduzierte. Diese Fernaufklärung übernahmen anfangs vor allem Luftschiffe, da diese über die notwendige Reichweite verfügten und mehrere Ziele in einem Flug abdecken konnten. So waren beispielsweise die Bahnlinien von St. Petersburg nach Dünaburg und die Strecken östlich von Warschau zunächst nur durch Zeppeline zuverlässig zu erreichen[49]. Selbst für die Doppeldecker der C-Reihe bedeuteten Fernflüge wegen der anfänglichen Unzuverlässigkeit ihrer Motoren große Risiken, weshalb viele dieser Missionen noch über den eigenen Linien wegen Motorproblemen abgebrochen werden mussten. Verliefen die Aufklärungsflüge ohne Schwierigkeiten, wurden sie z.B. während der Offensive in Galizien 1915 in Höhen von 1600 bis 2000 Meter durchgeführt, wohingegen an der Westfront zur gleichen Zeit durch die stärkere Flugabwehr bis zu 4000 Meter überlebenswichtig waren[50]. Bedingt durch die ver-

45 BArch, RL 2 IV/284, Die Luftwaffe während des Feldzuges in Polen im Herbst 1914 (September bis Dezember 1914); Cuneo, Winged Mars, S. 120, 192; DiNardo, Breakthrough, S. 72, 140; Liulevicius, Kriegsland, S. 26; Die Operationen des Jahres 1915, (Bd 7), S. 192.

46 Arndt, Die Fliegerwaffe, S. 365; Neumann, Die deutschen Luftstreitkräfte, S. 464.

47 Beispiel: BArch, PH 5 II/283, Abschrift des Kriegstagebuches der 9. Armee vom 1.7.–4.8.1915 und der Heeresgruppe Prinz Leopold von Bayern vom 5.8.–31.8.1915.

48 BArch, PH 5 II/283, Abschrift des Kriegstagebuches der 9. Armee vom 1.7.–4.8.1915 und der Heeresgruppe Prinz Leopold von Bayern vom 5.8.–31.8.1915, 24.7.15, 27.5.15, 11.8.15; Hoeppner, Deutschlands Krieg in der Luft, S. 46.

49 Arndt, Der Luftkrieg, S. 553; Griehl/Dressel, Zeppelin!, S. 81; Lehmann, Auf Luftpatrouille, S. 89; Neumann, Die deutschen Luftstreitkräfte, S. 368 f.

50 BArch, PH 17 I/111, Anleitung für den Beobachtungsoffizier im Flugzeug (A.B.O.). Genehmigt durch Verfügung des Chefs des Generalstabes des Feldheeres vom 4.8.16, Berlin 1916, S. 6; Bismarck, Kriegstheater, S. 31; Haenelt, Über den Stand unserer Fliegertruppe, S. 4; Loewenstern, Der Frontflieger, S. 81.

besserte russische Flugabwehr stiegen die Flughöhen an der Ostfront erst ab 1916 sprunghaft an. So bezeichnete Gilg in einem Brief vom Frühjahr 1916 Flughöhen unter 2500 m bereits als »Selbstmord« und schrieb im Oktober des gleichen Jahres, dass nun Höhen von 3500 m empfehlenswert seien, was allerdings immer noch wesentlich niedriger als im Westen war[51]. Im »Nachrichtenblatt der Luftstreitkräfte« sind 1917 sogar mehrmals Belobigungen von Besatzungen der Ostfront für besonders weite Flüge zu finden. So flogen u.a. Angehörige der FA 21 am 21. August 1917 auf einem insgesamt 520 km langen Flug mit Hilfe von Reservetanks nach Vinnitza, um die dortigen Ausbildungseinrichtungen der zarischen Streitkräfte aufzuklären[52]. An der Westfront fanden ähnliche Vorhaben schon für Distanzen von 360 km lobende Erwähnung[53].

Doch nicht nur während der Kampfhandlungen, sondern ebenfalls vor ihnen wurde Luftaufklärung ein bedeutendes Element der Kriegführung im Osten. Haehnelt bemerkte hierzu:

> »Auf dem östlichen Kriegsschauplatz waren die großen Operationen nur möglich mit Hilfe der umspannenden Erkundung aus dem Raume. Diese Erkundungen sicherten die Flanke der Umfassungs- und Vernichtungsschlachten[54].«

Vor den groß angelegten Durchbruchsschlachten bei Gorlice und Tarnow wurden die russischen Stellungen nahezu lückenlos per Fotoaufklärung erfasst, um die genaue Stärke und Positionen des Gegners zu erfahren. Abzüge dieser Aufnahmen wurden bis auf die Kompanieebenen der Bodentruppen ausgegeben, um vorherige Kenntnisse des Angriffsgebietes zu ermöglichen[55]. Bemerkenswert ist zusätzlich, dass die Flüge hierfür erst am Morgen des 28. April 1915, also erst vier Tage vor dem Angriffstermin begannen. Der Grund für diese Vorgehensweise bestand in der Absicht, die Durchbruchsstelle durch erhöhte Fliegertätigkeit nicht zu lange im Voraus zu verraten[56]. Richard DiNardo geht in seinem Werk »Breakthrough« soweit, die Luftaufklärung neben der schweren Artillerie und der überlegenen Kommunikation zu einem Schlüsselelement des Erfolges dieser Operation zu erklären, was in Anbetracht der erheblichen operativen Vorteile durch den Einsatz von Luftfahrzeugen durchaus realistisch erscheint[57].

Bedingt durch die de facto unangefochtene Lufthoheit der Mittelmächte waren diese stets genau über die Bewegungen der zarischen Truppen im Bilde. Den

---

51 Gilg, Nimm aufwärts, S. 76, 80.

52 Nachrichtenblatt der Luftstreitkräfte, 1 (6.9.1917), 28, S. 197. Angehörige der FA 27 führten im Herbst 1917 mehrmals über 500 km lange Aufklärungsflüge durch und fanden ebenfalls Erwähnung im Nachrichtenblatt, vgl. Nachrichtenblatt der Luftstreitkräfte, 1 (27.9.1917), 31, S. 256; ebd., 1 (11.10.1917), 33.

53 Ebd., 1 (20.9.1917), 30, S. 235.

54 BArch, RL 2 IV/295, Akten-Ordner Nr. 5: Deutsche Luftstreitkräfte (Weltkrieg). Zusammenwirken der Luftwaffe mit dem Heer, S. 2.

55 HStA Stuttgart, Königsberichte: XIII. Armeekorps an der Ostfront, 31.7.1915. Allein von September 1916 bis Juli 1917 ließ die FA (A) 242w rund 11 000 Abzüge von Luftaufnahmen erstellen, die an Einheiten in ihrem Einsatzbereich verteilt wurden, siehe HStA Stuttgart, M 1/11, Bü 564, Bericht der Königl. Württ. Flieger-Abteilung (A) 242 vom 5.7.1917.

56 Der große Krieg 1914–1918, Bd 4, S. 27.

57 DiNardo, Breakthrough, S. 139 f.

Aufklärern kam hierbei zugute, dass es die Dynamik beispielsweise des groß angelegten russischen Rückzuges nach dem Durchbruch bei Gorlice und Tarnow oft nicht zuließ, die hastig errichteten neuen Verteidigungsstellungen ausreichend gegen Fliegersicht zu tarnen, wodurch sie aus der Luft leicht erfasst werden konnten[58]. Schon 1915 waren die Armeeoberkommandos zudem dazu übergegangen, einzelnen Abteilungen bestimmte Sektoren fest zuzuweisen, weshalb diese wenigstens für einen gewissen Zeitraum über den gleichen Gebieten operieren konnten. Die einer Armee zugeteilten verschiedenen Abteilungen spezialisierten sich wiederum auf die taktische Nah- oder die strategische Fernaufklärung, was die Orientierung und das Erkennen von Veränderungen, wie z.B. vor der Brussilow- oder der Kerenski-Offensive, erheblich erleichterte[59]. Zusätzlich existierten im Osten ab dem Sommer 1917 fünf Reihenbildtrupps, die der genauen Erfassung größerer Geländeabschnitte dienten[60]. Die Auswertung des Fotomaterials erfolgte durch gut ausgebildete Stabsbild-Abteilungen, die in der Regel den jeweiligen Kommandeuren der Flieger (KoFl) oder den Armeekommandos direkt unterstanden.

In den an der langen Front ebenfalls immer wieder auftretenden Phasen des Stellungskrieges war weniger die operative Fernaufklärung, als vielmehr die taktische Erkundung in unmittelbarer Frontnähe gefordert. Die Bedingungen für derartige Flüge, die 1917 beispielsweise Gebiete von 60 mal 40 Kilometer abdecken sollten, unterschieden sich stark von der Erkundung im Bewegungskrieg oder der Fernaufklärung[61]. Während der statischen Kriegführung gelang beiden Seiten eine wesentlich geschicktere Tarnung ihrer Stellungssysteme, weshalb diese, wie im Falle der Artilleriebatterien in den ausgedehnten Waldgebieten der Karpaten oder des Baltikums, aus der Luft schwieriger auszumachen waren. Ein hervorragendes Mittel, um diese tief gestaffelten Stellungssysteme aufzuklären, bildeten die von Fliegern gern scherzhaft als »aufgeblasene Konkurrenz«[62] bezeichneten Fesselballons, die sich an nahezu allen Frontabschnitten bewährten[63]. Von feindlichen Fliegern ging in der Regel keine große Gefahr aus, was an der Ostfront im Gegensatz zur Westfront den

58 BArch, PH 5 I/82, Heeresgruppe Linsingen, Armeebefehle aus den Jahren 1916 und 1917: Moderne Artillerie-Beobachtungsmittel und ihre Verwendung, S. 4; BayHStA, 11. bay. Infanterie-Division, Bd 13, Akt 4, Armeebefehl vom 27.4.1915; Bülow, Geschichte der Luftwaffe, S. 55; Neumann, Deutsches Kriegsflugwesen, S. 14.

59 BArch, PH 5 II/283, Abschrift des Kriegstagebuches der 9. Armee vom 1.7.–4.8.1915 und der Heeresgruppe Prinz Leopold von Bayern vom 5.8.–31.8.1915, 3.7.15, 23.7.15; BArch, PH 5 II/336, Befehle und Akten der Kaiserlich-Deutschen Südarmee 1916, 23.6.1916; HStA Stuttgart, M 1/11, Bü 564, Königsberichte: Württ. Artillerie-Flieger-Abteilung 242. Einsatz Ostfront, Bericht vom 5.7.1917; ebd., Bericht für den Monat Juli 1917; ebd., M 33/2, Generalkommando XIII. (Kgl. Württ.) Armeekorps, Stab Kriegsakten vom 1. bis 30.4.1915, Telegramm aus Soldau vom 22.4.1915.

60 Blume, The Russian Military Air Fleet, Bd 2, S. 244; Die Feldpost, S. 165 f. Speziell im Frühsommer 1917 wurden die deutschen Fernaufklärer bei ihren Missionen von Schutzflugzeugen eskortiert. Diese hatten den Auftrag, feindliche Jagdflugzeuge abzuwehren, siehe Kilduff, From Russia, S. 167.

61 Hublitz, Flieger-Erlebnisse, S. 46; Neumann, Deutsches Kriegsflugwesen, S. 57.

62 Chomton, Soldat, S. 18.

63 BArch, PH 9 XV/11, Vortrag des Inspekteurs der Fliegertruppen vom Juni 1917; Bülow, Geschichte der Luftwaffe, S. 84; Christopher, Balloons, S. 65; Nachrichtenblatt der Luftstreitkräfte, 2 (2.5.1918), 10, S. 140 f.; Wöstmann, »Schneid wird belohnt«, S. 265.

Einsatz direkt im Frontgebiet ermöglichte. So konnten die Ballonbeobachter ihre Erkenntnisse per Feldtelefon aus dem Korb heraus ohne Verzögerung weitermelden. Von Nachteil war die nur geringe Anzahl der Ballons entlang der weitläufigen Front, ihre große Witterungsabhängigkeit sowie der durch die schlechte Infrastruktur erhöhte logistische Aufwand, um sie betreiben zu können[64].

Neben den Aufklärungsaufgaben fielen den Luftstreitkräften die Minenaufklärung und die Überwachung der Küsten, wie z.B. im Vorfeld der Eroberung der baltischen Inseln im Herbst 1917 zu. Wie der mit der Durchführung betraute Oberst Erich von Tschischwitz (1870–1958) 1931 in seinen Aufzeichnungen festhielt, war die Nutzung der Luftaufklärung vor und während der Operation eine wichtige Voraussetzung für das Gelingen der Landungen[65]. Die Bedeutung, welche die deutsche Militärführung der Lufterkundung an der Ostfront beimaß, lässt sich auch daran ablesen, dass beispielsweise die 1917 im Raum Riga eingenommenen russischen Stellungen, die in der dortigen langen Phase des Stellungskrieges ausgebaut worden waren, nach deren Einnahme vom Boden aus für eine genaue Auswertung fotografiert wurden. Diese Aufnahmen wurden anschließend mit zuvor gemachten Luftaufnahmen verglichen und als Ausbildungsmaterial verwendet, um die Auswertung von Luftbildern anhand bestimmter Merkmale zu verbessern[66]. Außerdem waren die Aufklärungsoperationen über Tannenberg und bei Gorlice-Tarnów ab 1916 fester Bestandteil der Ausbildungsinhalte für Beobachteroffiziere, was den hohen Stellenwert und die Professionalität, mit der hier Lufterkundung betrieben wurde, widerspiegelt[67].

Es lässt sich daher festhalten, dass die Luftaufklärung in all ihren Facetten in Phasen des Stellungskrieges und im Bewegungskrieg unverzichtbar war, da sie während des gesamten Konfliktes in Osteuropa wegen ihrer Flexibilität und Schnelligkeit einen unschätzbaren Beitrag zur Kriegführung der Mittelmächte leisten konnte. Arndt konstatierte den Luftstreitkräften im Osten wegen ihrer Erkundungstätigkeit sogar einen größeren Einfluss auf die Kriegführung als an anderen Fronten[68]. Wenn der Autor diese Aussage in seinem Aufsatz auch mit viel Pathos ausschmückte, bleibt doch zu bemerken, dass keine andere Form der Aufklärung so schnelle, umfassende und präzise Lagefeststellungen ermöglichte, wie dies in den Weiten Osteuropas durch Luftstreitkräfte der Fall war.

---

64 Arndt, Der Luftkrieg, S. 551; BArch, PH 5 I/82, Heeresgruppe Linsingen, Armeebefehle aus den Jahren 1916 und 1917: Moderne Artillerie-Beobachtungsmittel und ihre Verwendung, S. 3.

65 BArch, PH 5 II/353, Vortrag gehalten am 18.5.1918 vor Seiner Königlichen Hoheit dem Oberbefehlshaber Oberost; Christiansen, Seeflieger, S. 99 f.; Pustau, Die Marineluftfahrt, S. 77 f.; Tschischwitz, Armee, S. 165 f.

66 Siehe BArch, PH 5 II/77, Luft- und Erdbilder der russischen Stellungen im Rigaer und Jakobstädter Brückenkopf. Herbst 1917.

67 BArch, PH 17 I/111, Anleitung für den Beobachtungsoffizier im Flugzeug (A.B.O.). Genehmigt durch Verfügung des Chefs des Generalstabes des Feldheeres vom 4.8.16, Berlin 1916, S. 7.

68 Arndt, Der Luftkrieg, S. 643.

3. Luftangriffe auf Bodenziele

Kurz nachdem Militärs erkannt hatten, dass Luftfahrzeuge nicht nur beobachten, sondern den Gegner auch bekämpfen konnten, kamen Überlegungen auf, Luftangriffe durchzuführen. Gerade im Zuge der Luftüberlegenheit an der Ostfront schienen hier Luftfahrzeuge ein geeignetes Mittel, um die Kämpfe direkt zu beeinflussen.

Noch im September 1914 wurden von Zeppelinen Angriffe auf Festungs- und Bahnanlagen im Rücken des Gegners, wie z.B. in Warschau gefahren[69]. Luftschiffe eigneten sich hierzu nach Ansicht der Oberkommandierenden für diese frühe Form der Kriegführung aus der Luft am besten, doch schränkte ihre hohe Wetterabhängigkeit gerade in den klimatischen Extremen Osteuropas ihre Einsätze ein. Wie im Westen wurden die gigantischen Flugkörper ebenso an der Ostfront mit dem Fortschreiten des Krieges durch die russische Flugabwehr in immer größere Flughöhen oder zu Flügen in mondlosen Nächten gezwungen, was sich wiederum auf die Genauigkeit der Bombardements und die Anzahl der durchführbaren Fahrten auswirkte[70]. Trotz aller Nachteile konnten Luftschiffe bis weit ins Jahr 1917 hinein neben ihrer Aufklärungstätigkeit als Bomber gegen Festungen, Bahnanlagen, Truppenlager und Nachschubeinrichtungen eingesetzt werden. Ende 1916 entstanden sogar Pläne für einen Zeppelinangriff auf St. Petersburg, der allerdings wetterbedingt nicht mehr durchgeführt wurde[71].

Bombardements von Flugzeugen aus blieben wegen der nur geringen möglichen Zuladung anfangs eher selten, doch noch im August 1914 flogen k.u.k. Flieger erste Angriffe auf die Festung Ivangorod[72]. Ende des Jahres standen den Mittelmächten schon kleinere Brandbomben zur Verfügung, mit denen gezielt russische Armeekommandos und höhere Stäbe attackiert wurden. Zur Schwächung des Gegners befahl das AOK der 9. Armee bereits am 20. Januar 1915 systematische Bombenangriffe auf feindlich besetzte Orte und Lager hinter der Front, welche aber mit den zur Verfügung stehenden Mitteln noch keinen durchschlagenden Erfolg brachten[73]. Um ihre Angriffe effektiver zu gestalten, gingen deutsche Abteilungen daher im Frühjahr 1915 zu Geschwaderflügen über, bei denen größere Formationen auf ein einzelnes Ziel angesetzt wurden, um die Trefferchancen zu erhöhen. Dennoch blieb die tatsächliche Wirkung der meist per Hand oder mit einfachsten Mechanismen ohne Zielgeräte abgeworfenen leichten Bomben nur gering und rief überwiegend einen psychologischen Effekt hervor.

---

69 BArch, RL 2 IV/273, Die deutschen Luftstreitkräfte im Weltkrieg (Kürzester Überblick), S. 3; Loewenstern, Der Frontflieger, S. 53 f.; Lehmann, Auf Luftpatrouille, S. 81.

70 BArch, RL 2 IV/273, Die deutschen Luftstreitkräfte im Weltkrieg (Kürzester Überblick), S. 7; Gaißert, Mit L.Z. 79, S. 239; Hoeppner, Deutschlands Krieg in der Luft, S. 56; Neumann, Die deutschen Luftstreitkräfte, S. 345.

71 Lehmann, Auf Luftpatrouille, S. 209; Neumann, Die deutschen Luftstreitkräfte, S. 369. Nach der Besserung des Wetters Anfang 1917 verbat die OHL im Osten Luftangriffe auf auch von Zivilisten bewohnte Ziele, siehe Die Kriegführung im Frühjahr 1917, S. 493, 505.

72 Die Tätigkeit der österr.-ung. Luftstreitkräfte, S. 5.

73 BArch, PH 5 II/281, Abschrift des Kriegstagebuches der 9. Armee. Zeit: 5.1.–23.4.15, 20.1.15.

Im Vorfeld der Frühjahrsoffensive in Galizien wurde mit der Brieftaubenabteilung Ostende (BAO) im April 1915 die erste echte Bombereinheit an die Ostfront verlegt. Hier leisteten die Maschinen der BAO in ihrem Kernauftrag gelegentlich wertvolle Dienste, wenn sie gegen logistische Knotenpunkte, Brücken oder marschierende Kolonnen eingesetzt wurden. Insgesamt gelangen ihnen wegen der zusätzlichen Belastung durch Aufklärungsmissionen sowie die schnell erfolgende Zersplitterung der Einheit entgegen mancher Annahmen in der Literatur in Galizien nur selten wirksame Einsätze[74]. Erst im Laufe des Jahres 1915 wurden optische Bombenzielgeräte verfügbar, mit denen die nun eingeführten C-Typen ausgerüstet werden konnten. Neben Bahnlinien, Fuhrparks, Festungen und anderen militärischen Einrichtungen im Hinterland des Feindes wurden immer wieder hohe Kommandeure zum Ziel deutscher Luftangriffe[75]. Als Zar Nikolaus II. (1868–1918) im Herbst 1916 in der wolhynischen Festung Luck vermutet wurde, flogen rund 60 Flugzeuge aus zehn Abteilungen und Flik einen gezielten Angriff auf die Festung, dem der Regent jedoch unversehrt entging[76]. Die große moralische Wirkung solcher Attacken auf das Hinterland und insbesondere auf Städte wie Dünaburg, Riga oder Minsk wurde zusätzlich dadurch unterstrichen, dass Luftangriffe ab Anfang 1917 im Zuge der sich zuspitzenden Unruhen in Russland verboten wurden. Stattdessen sollten sie nur noch bei absoluter Notwendigkeit oder als Reaktion auf russische Aggressionen erfolgen. Dadurch wollte die OHL die erneute Solidarisierung von Soldaten und Zivilisten mit dem zarischen Regime gegen einen äußeren Feind verhindern[77]. Mindestens einmal fand zudem in einem beinahe unbewohnten Gebiet weit im Rücken der russischen Front eine Luftlandeaktion nahe einer bedeutenden Bahnlinie statt, um mittels einer Sprengladung die Schienen zu zerstören. Hiervon wird im folgenden Kapitel noch detaillierter die Rede sein.

Eine andere Art des Einsatzes gegen Bodenziele bestand im taktischen Eingreifen bei Kampfhandlungen am Boden mit Hilfe von Bomben oder Bordwaffen. Schon während der Gefechte in Ostpreußen erzeugten Überflüge von Flugzeugen oft chaotische Szenen am Boden und speziell Kavallerieverbände gerieten schnell in Unordnung[78]. Eine erste Waffe, von der man sich einen effektiven Einsatz gegen Bodentruppen versprach, waren ab Herbst 1914 die sogenannten Fliegerpfeile. Diese simplen mit Stabilisatoren versehenen Stahlnägel erwiesen sich jedoch selbst bei dichten Kolonnen als zu ungenau, um effizient eingesetzt werden zu können. Ungeachtet dessen wurden sie in Bündeln zu mehreren Hundert an der Ostfront bis weit ins Jahr

[74] BArch, PH 19/118, Brieftaubenabteilung Ostende, S. 4; Carganico, Mit der B.A.O., S. 374–376. Zur Gegenposition vgl. Bickers, The First Great Air War, S. 68; Imrie, Pictorial History, S. 27.

[75] Gorlice-Tarnow, S. 36 f.; Loewenstern, Der Frontflieger, S. 90; O'Connor, Air Aces, S. 98; Richthofen, Der rote Kampfflieger, S. 63–65; Schilling, Flieger an allen Fronten, S. 173; Schröder, Erlebter Krieg, S. 174.

[76] Guttman, Balloon-Busting Aces, S. 77; Schröder, Erlebter Krieg, S. 191.

[77] Die Kriegführung im Frühjahr 1917, S. 493, 505; Nachrichtenblatt der Luftstreitkräfte, 1 (7.6.1917), 15, S. 2; ebd., 1 (21.6.1917), 17, S. 31; ebd., 1 (21.6.1917), 17, S. 34.

[78] BArch, RL 2 IV/266, Flieger bei Tannenberg, S. 33; Bismarck, Kriegstheater, S. 15; Richthofen, Der rote Kampfflieger, S. 66; Briefe eines deutschen Kampffliegers, S. 36.

1915 hinein gegen Bodenziele verwendet[79]. Weitaus erfolgversprechender waren der Einsatz der ab 1915 mitgeführten Maschinengewehre und die durch die technische Weiterentwicklung immer größer werdenden Bombenzuladungen. Anfangs gelang eine wirksame Luftunterstützung mangels passender Ausstattung und Erfahrungen zwar kaum, doch entstanden erste Ansätze zu einem engen Zusammenwirken von Luftstreitkräften und Bodentruppen[80].

Erst ab 1916 wurden Einsätze zur direkten Infanterieunterstützung im Bewegungskrieg effektiv. Teilweise bauten die Besatzungen die anfangs zur Bekämpfung gegnerischer Flugzeuge gedachten lafettierten Maschinengewehre der Beobachter aus, um stattdessen höhere Bombenzuladungen mitführen zu können. Erst ab 1916 wurden die Maschinengewehre vermehrt mitgeführt. Die Einsätze erfolgten zunächst in Anflügen in Formationen, bevor sich diese über dem Zielgebiet auflösten und lohnend erscheinende Bodenziele von den einzelnen Besatzungen selbstständig attackiert wurden[81]. Genau wie im Westen spielten hierbei nicht nur die tatsächlich entstandenen Schäden beim Gegner als vielmehr die moralische Wirkung auf die eigenen wie feindlichen Truppen eine große Rolle, die die immer wieder tief attackierenden Schlachtflieger hervorriefen[82]. Mitunter wechselten sich Besatzungen, wie z.B. beim Übergang über den Stochod im Frühjahr 1916, während der Abwehr der Brussilow-Offensive oder dem Übergang über die Düna im Herbst 1917 gemäß einem Zeitplan über dem Operationsgebiet ab[83]. Eine andere Möglichkeit bestand darin, dass die Abteilungen ständig eine gewisse Anzahl an Maschinen auf dem Feldflugplatz vorhielten, die im Falle einer Alarmierung sofort zu starten hatten[84]. Bei Bedarf konnte so jederzeit Luftunterstützung sichergestellt werden, wobei anzumerken ist, dass aufgrund der insgesamt nur dünnen Material- und Personaldecke der fliegenden Abteilungen im Osten dies immer nur zeitlich und räumlich begrenzt möglich war. Neben Truppen auf dem Schlachtfeld wurden Schienenstränge, Züge, Knotenpunkte und Straßen im Frontgebiet regelmäßig attackiert und die russischen Truppen so in ihrer Beweglichkeit stark eingeschränkt.

---

79 BArch, PH 5 II/279, Abschrift des Kriegstagebuches der 9. Armee, 19.9.–31.12.1914, 20.12.14; BArch, PH 5 II/281, Abschrift des Kriegstagebuches der 9. Armee. Zeit: 5.1.–23.4.15, 31.3.15, 2.4.15; DTMB, NL 151: Nachlass Ernst Eberstein, S. 84, 100; Kilduff, Bomber Observer, S. 119; Koerber, Das fliegende Heer, S. 18.

80 Kilduff, Germany's First Air Force, S. 56; Die Operationen des Jahres 1915, (Bd 8), S. 312. So sollte beim Vorgehen auf Warschau im Herbst 1914 beispielsweise Luftunterstützung für Verwirrung bei der Besatzung eines Außenforts sorgen, um der eigenen Infanterie im Handstreich die Einnahme der Festung zu ermöglichen, was jedoch wegen Bodennebel scheiterte, siehe Lehmann, Auf Luftpatrouille, S. 88.

81 Arnecke, Am Stochod, S. 141; Hublitz, Flieger-Erlebnisse, S. 278; Nachrichtenblatt der Luftstreitkräfte, 1 (29.3.1917), 5, S. 3; Richthofen, Der rote Kampfflieger, S. 65; Schäfer, Vom Jäger zum Flieger, S. 68.

82 Arnecke, Am Stochod, S. 140–142; Cossel, Feldflieger, S. 191; Dominik, Unsere Luftflotten, S. 11; DTMB, NL 151: Nachlass Ernst Eberstein, S. 68; Nachrichtenblatt der Luftstreitkräfte, 1 (23.8.1917), 26, S. 163; ebd., 1 (20.9.1917), 30, S. 234; ebd., 1 (22.11.1917), 39, S. 412; Schröder, Erlebter Krieg, S. 201.

83 Arnecke, Am Stochod, S. 139; Nachrichtenblatt der Luftstreitkräfte, 1 (6.9.1917), 28, S. 192; Schmuttermayer, Flieger-Erinnerungen, S. 12.

84 BayHStA, 11. bay. Infanterie-Division, Bd 13, Akt 5: Divisionsbefehl vom 26.7.1916.

Um im Ernstfall eine schnelle Kommunikation zu gewährleisten, wurden einzelne Flugzeuge mit der nötigsten Ausrüstung direkt bei den jeweiligen Armeeoberkommandos postiert, um Einsatzbefehle unverzüglich an die Abteilungen überbringen zu können[85]. Auch der Einsatz von sogenannten Infanteriefliegern, die unter meist abenteuerlichen Bedingungen direkt bei den Kampftruppen in den vordersten Linien landeten, um z.B. neue Befehle, Verpflegung oder Munition zu überbringen, wurde im Osten praktiziert und weiterentwickelt[86]. Dieses ab 1916 von den Mittelmächten verstärkt genutzte Verfahren ermöglichte es in den Phasen des Bewegungskrieges an der Ostfront, selbst unter unübersichtlichen Bedingungen die Verbindung zu den eigenen Bodentruppen zu halten. Besonders während der rasanten Vormärsche im Frühjahr 1918 konnte die Kommunikation der Stäbe und Kommandos mit den Fronttruppen in einigen Fällen allein durch Flugzeuge sichergestellt werden[87].

Die zur Infanterieunterstützung eingesetzten C-Flugzeuge verzögerten durch ständige Angriffe auf die in Bereitschaft liegenden russischen Truppen sowie rückwärtige Verbindungslinien z.B. die Brussilow-Offensive nach Einschätzung der Oberkommandierenden um 24 bis 36 Stunden[88]. Eine Kopenhagener Zeitung berichtete hierzu im Juli 1916:

> »Meldungen aus Russland berichten von den Störungen, die die häufigen deutschen Fliegerangriffe in der russischen Front verursachen. Sie riefen zahlreiche Sprengungen auf den Bahnnetzen hervor und vereitelten dadurch die Versorgung und Ausrüstung der hat [sic!] kämpfenden ersten Linie. Mit besonders merkwürdiger Findigkeit ermittelten die Flieger die Artilleriestellungen[89].«

Auch im deutschen Heeresbericht fanden diese Aktionen mehrfach, wie am 15. Juni 1916 Erwähnung: »Deutsche Flieger führten in den letzten Tagen weitgehende Unternehmungen gegen die Werke hinter der russischen Front aus. Mehrfach sind Truppenzüge zum Stehen gebracht und Bahnanlagen zerstört worden[90].« Der spätere Jagdflieger Böhme bemerkte anlässlich seines Einsatzes mit dem KaGOHL 2 im Sommer 1916: »Wir haben uns schon eine ganz eigene Praxis für den Osten ausgebildet, und nach vielen Gefangenenaussagen sind wir drüben keine gern gesehenen Zugvögel[91].« Zugleich entfiel auf den Zeitraum der Brussilow-Offensive die Hälfte der personellen Verluste an Luftfahrzeugbesatzungen an der Ostfront 1916[92].

Andere wichtige Ziele in Frontnähe waren Flussübergänge oder Knüppeldämme, wie sie in den weitläufigen Sumpfgebieten des heutigen Weißrusslands oft errichtet werden mussten. Gegnerische Truppen drängten sich hier wie in einem Flaschenhals

---

85 Bickers, The First Great Air War, S. 68; Cossel, Feldflieger, S. 191.

86 Nachrichtenblatt der Luftstreitkräfte, 1 (23.8.1917), 26, S. 163.

87 Ebd., 2 (14.3.1918), 3, S. 30; ebd., 2 (4.7.1918), 19, S. 271.

88 Briefe eines deutschen Kampffliegers, S. 36; Die Kriegführung im Herbst 1916, S. 374 f.; Schäfer, Vom Jäger zum Flieger, S. 69.

89 Die Wacht im Osten, 226, 13.7.1916.

90 Ebd., 198, 15.6.1916.

91 Schäfer, Vom Jäger zum Flieger, S. 40.

92 Im Jahr 1916 fielen von Juni bis September etwa 17 Besatzungsmitglieder, wohingegen für das gesamte Jahr von knapp über 30 getöteten Fliegern ausgegangen werden kann. Vgl. Casualities of the German Air Service, S. 182–199.

und konnten kaum ausweichen, wodurch Bomben und der durch die wachsende Kampferfahrung immer effektiver werdende Beschuss mit Maschinengewehren eine größtmögliche Wirkung entfalteten[93]. Ein kriegsgefangener russischer Offizier bestätigte dies im Oktober 1917: »Gefangener bestätigt die starke moralische Wirkung der deutschen M.G.-Angriffe mit dem Flugzeuge und die starke tatsächliche Wirkung der Bombenangriffe[94].« Der Übergang über die Düna und die weiteren Operationen im Baltikum im September 1917 wären laut Hoeppner sogar ohne die Vorbereitung und den Einsatz von Fliegern nicht möglich gewesen[95]. Wenn diese Aussage etwas überzogen scheint, so kennzeichnet sie dennoch die hohe Bedeutung des Eingreifens der Flieger in diese Kämpfe. Systematisch erbrachten Flugzeuge und Fesselballons hier im Vorfeld Aufklärungsergebnisse, nachdem durch die Verlegung der Jasta »Ober Ost« in diesem Sektor im Vorfeld die Luftherrschaft errungen worden war. Während der Kampfhandlungen hielten Luftstreitkräfte die russische Artillerie nieder und attackierten feindliche Bodentruppen direkt, um abschließend den gegnerischen Rückzug zu stören[96]. Beachtlich in diesem Kontext ist, dass die deutschen Luftstreitkräfte trotz der zahllosen Tieffliegerangriffe gemäß den amtlichen Aufzeichnungen an der Ostfront vom September 1915 bis zum September 1917 nur 23 Maschinen als Totalverluste durch Flakfeuer über feindlichem Gebiet erlitten[97].

Um die Wirkung der eigenen Waffen an der Ostfront noch zu verstärken, wurden besonders in den Sommermonaten gezielt Brandbomben auf Wälder oder Heideflächen geworfen, in denen die Beobachter feindliche Truppen oder Stellungen vermuteten. Hierzu wurden eigens Benzinkanister mit Sprengbomben provisorisch gekoppelt, um die gewünschte Wirkung zu erreichen. Die durch die Brände ausgelösten Löscharbeiten boten wiederum zusätzliche Ziele für die eigene Artillerie, sodass unter geschickter Ausnutzung der gegebenen Verhältnisse die eigene Waffenwirkung potenziert werden konnte[98]. Neben Objekten an Land wurden auch feindliche Marineeinheiten auf See bei Gelegenheit von Fliegern angegriffen[99]. Wie aus Fliegermeldungen zu erkennen ist, führten ab 1916 selbst mit Aufklärungsmissionen betraute Maschinen routinemäßig neben Maschinengewehren oft bis zu 100 Kilogramm Bomben mit, die auf geeignet scheinende Ziele abgewor-

[93] Anslinger, Aus meinem Fliegerleben, S. 111; Kilduff, From Russia, S. 168; Richthofen, Der rote Kampfflieger, S. 65 f.; Schröder, Erlebter Krieg, S. 199.

[94] Nachrichtenblatt der Luftstreitkräfte, 1 (22.11.1917), 39, S. 412.

[95] Hoeppner, Deutschlands Krieg in der Luft, S. 124; Nachrichtenblatt der Luftstreitkräfte, 1 (6.9.1917), 28, S. 192. Die bei diesen Einsätzen gewonnenen Erfahrungen wurden bei den Angriffsoperationen des deutschen Heeres im Frühling 1918 genutzt, siehe Hoeppner, Deutschlands Krieg in der Luft, S. 124.

[96] Nachlass Dietrich Averes, Ballonabschuss, Bl. 6.

[97] BArch, PH 9 XV/7, Verluste der deutschen Fliegertruppen (einschl. bayer. Fliegerverbände) vom 2.8.1914 bis 11.11.1918. Die Anzahl der Maschinen, die trotz schwerer Beschädigungen noch die eigenen Linien erreichen konnten und danach abgeschrieben werden mussten, dürfte erheblich höher gelegen haben.

[98] BArch, PH 5 II/282, Abschrift des Kriegstagebuches der 9. Armee, 24.4.–30.6.15, 4.6.15; BArch, RL 2 IV/295, Akten-Ordner Nr. 5: Deutsche Luftstreitkräfte (Weltkrieg), S. 3; Carganico, Mit der B.A.O., S. 374, 376; Loewenstern, Der Frontflieger, S. 86.

[99] Arndt, Der Luftkrieg, S. 643; Nachrichtenblatt der Luftstreitkräfte, 1 (6.9.1917), 28, S. 193; Neumann, Die deutschen Luftstreitkräfte, S. 463.

fen wurden[100]. Dies war unter den besonderen Bedingungen des Luftkrieges an der Ostfront möglich, da sich die Besatzungen der Mittelmächte hier wegen der lange Zeit relativ geringen Gefahr durch gegnerische Luftfahrzeuge neben der Aufklärung ganz auf die Bekämpfung von Bodenzielen konzentrieren konnten. Interessant ist in diesem Kontext, dass beispielsweise von Januar bis März 1917 an der Westfront insgesamt 52 Tonnen Bomben auf militärische Ziele aller Art abgeworfen wurden und im gleichen Zeitraum an der Ostfront 24 Tonnen[101]. Bei der Beurteilung dieser Zahlen muss berücksichtigt werden, dass im Westen neben besseren Wetterbedingungen eine um ein Vielfaches höhere Zahl an Flugzeugen zur Verfügung stand.

Ein an der Ostfront kaum zu lösendes Problem bestand in der durch die weiten Anflugwege oft nur kurzen Verweildauer der Flieger über dem Kampfgebiet, was zusammen mit der in Relation zum Einsatzgebiet meist relativ geringen Anzahl an Flugzeugen eine höhere Belastung für die einzelnen Besatzungen bedeutete[102]. Um die Zusammenarbeit von Fliegern und Bodentruppen zu verbessern, wurden in den meist ruhigeren Wintermonaten zahlreiche Übungen durchgeführt, bei denen in groß angelegten Manövern im rückwärtigen Raum die Kommunikation zwischen Infanterie und Flugzeugen und das Zusammenwirken mit der Artillerie vor Operationen intensiv geübt wurde[103]. Speziell in der Kooperation mit der Artillerie bestand eine effektive Möglichkeit, die Kämpfe am Boden aus der Luft zu unterstützen. Schon 1915 waren seitens der OHL die Vorteile dieses Einsatzverfahrens erkannt worden, als es gelang, die Mitte Mai nach der Durchbruchsschlacht bei Gorlice und Tarnów knapp gewordenen Munitionsvorräte der Mittelmächte mit Hilfe der Flugzeugbesatzungen trotz nur provisorischer Kommunikationsmöglichkeiten zwischen Besatzungen und Artillerie sehr effizient einzusetzen. Für die schweren Batterien sollte pro Division mindestens ein Flugzeug fest für Beobachtungszwecke eingeteilt werden[104]. Auch bei der Abwehr der Brussilow-Offensive leisteten deutsche Artillerieflieger bei der Aufklärung und Bekämpfung der russischen Batterien einen wichtigen Beitrag. Allein im Bereich der 12. Bayrischen Infanteriedivision wurden im September 1916 insgesamt 28 von 34 gegnerischen Batterien aus der Luft anstelle von Artilleriebeobachtern am Boden aufgeklärt[105]. Mehrere eigene Batterien wurden dabei einer einzelnen Flugzeugbesatzung zugeordnet, sodass Absprachen im Vorfeld sowie eine Nachbesprechung erfolgten und auf diesem Weg die Zusammenarbeit optimiert werden konnte[106]. Spezialisierte Flugzeugbesatzungen verbrachten während der russischen Offensiven bis zu acht Stunden täglich in der Luft, sofern die Witterungsbedingungen dies zuließen. Schröder gab an, während dieser Wochen

100 BArch, PH 19/27, Fliegermeldungen der FA (A) 214 (Juni–Dez. 1916); Hastings, The Making of a German Observer, S. 330.

101 Nachrichtenblatt der Luftstreitkräfte, 1 (1.3.1917), 1, S. 2.

102 Hoeppner, Deutschlands Krieg in der Luft, S. 46; Peter, Die k.u.k.-Luftschiffer- und Fliegertruppe, S. 173.

103 BArch, PH 5 II/265, Übungen zur Verbindung zwischen Infanterie und Fliegern bei der kaiserl. deutschen Südarmee.

104 DiNardo, Breakthrough, S. 83; HStA Stuttgart, M 1/11, Bü 397, Königsberichte XIII. Armeekorps an der Ostfront, 14.4.15.

105 BayHStA, 11. bay. Infanterie-Division, Bd 19, Akt 3, Betreff: Feindliche Artilleriestellungen.

106 Schmuttermayer, Flieger-Erinnerungen, S. 26–28; Schröder, Erlebter Krieg, S. 188–190.

neben diversen anderen Zielen allein 29 russische Batterien durch angeleitetes Feuer zerstört oder zum Stellungswechsel gezwungen zu haben, was angesichts seiner insgesamt sehr nüchternen und realistischen Schilderungsweise durchaus glaubhaft erscheint[107]. Eine wirksame Gegenmaßnahme der zarischen Armee bestand, wie von Schröder bestätigt, in der Störung der Funksignale der Artillerieflieger, was jedoch durch Mangel an Material und ausgebildetem Personal nur selten gelang[108].

Abschließend betrachtet bestand in der Nutzung von Flugzeugen als Bombenträger, zur Infanterieunterstützung oder als fliegende Artilleriebeobachtungsstation speziell an der Ostfront eine effektive Möglichkeit der Beeinflussung der Geschehnisse am Boden. Hoeppner drückte seine Anerkennung hierzu mehrmals, wie am 20. September 1917 im Nachrichtenblatt der Luftstreitkräfte ausdrücklich aus:

> »An den Siegen in Galizien und bei Riga haben die Flieger durch Unterstützung von Infanterie und Artillerie, durch Erkundung und Kampf erheblichen Anteil. In regem Tatendrang und frischem Angriffsgeist sind die Flieger des Ostens ebenbürtig ihren Kameraden im Westen[109].«

Im Rahmen des operativen Bombenkrieges griffen Zeppeline und Flugzeuge zur Lähmung des Gegners relevante Ziele selbst weit im Rücken des Feindes an. Erleichtert wurde dies durch die nur schwach ausgebaute Infrastruktur Osteuropas, die es ermöglichte, durch Angriffe auf einige wichtige Strecken und Knotenpunkte eine größtmögliche Wirkung zu erzielen.

4. Der Krieg in der Luft

Neben der Aufklärung und Eingriffen in die Kämpfe am Boden bestand in der Bekämpfung russischer Flugzeuge ein weiteres Betätigungsfeld der Luftstreitkräfte der Mittelmächte, das jedoch wegen der beschriebenen Bedingungen nie eine entscheidende Rolle spielte.

Während der Kampfhandlungen im Osten waren Begegnungen in der Luft aufgrund der Ausdehnung der Front und der in Relation dazu nur kleinen Zahl an Flugzeugen auf beiden Seiten anfangs sehr selten. Hinzu kamen die im Vergleich zur Westfront nur geringe zarische Flugaktivität, der schlechte technische Zustand vieler russischer Maschinen und die für den weitläufigen östlichen Kriegsschauplatz oft unzureichenden Reichweiten der damaligen Flugzeuge. Wenn sich im Herbst 1914 Luftfahrzeuge in der Luft begegneten, bedeutete dies in der Regel keine Feindseligkeiten, da abgesehen von mitgeführten Pistolen oder Karabinern noch keine Bewaffnung vorhanden war. Ausnahmen, wie der Fall des Stabshauptmannes Pjotr Nesterov, der am 8. September 1914 ein k.u.k. Flugzeug durch Rammen zum Absturz brachte und dabei selbst umkam, blieben selten[110]. Sogar nach der Einführung von Bordwaffen blieben Schusswechsel in der Luft eine Seltenheit, da die

107 Schröder, Erlebter Krieg, S. 197.
108 Baur, Wir Flieger, S. 92; Schröder, Erlebter Krieg, S. 201.
109 Nachrichtenblatt der Luftstreitkräfte, 1 (20.9.1917), 30, S. 235.
110 Duz, Istorija, S. 40 f.; Kilduff, Germany's First Air Force, S. 54.

Einige Piloten der Jasta »Ober Ost« genießen eine Kampfpause im Spätsommer 1917.
(Mit freundlicher Genehmigung von Evert Averes)

russischen Flieger ihre deutschen Kameraden kaum bei ihren Aufträgen behinderten. Loewenstern beschrieb die Situation in den ersten Kriegsjahren sehr prägnant:

> »Der russische Jagdflieger war verhältnismäßig ungefährlich. Einmal war er nur sehr dünn gesät, wenig angriffsfreudig, und zum anderen hatte er nicht die besten Maschinen. Jedenfalls war sein Auftreten nicht Gewohnheit, sondern immer ein Ereignis[111].«

Ab 1915 wurde die technische Unterlegenheit der zarischen Luftstreitkräfte mit der Einführung der C-Typen bei den Mittelmächten immer deutlicher, weshalb deutsche Besatzungen ihren Gegenspielern zunehmend kampfeslustiger begegneten[112]. Doch auch im zweiten Kriegsjahr blieben Luftkämpfe im Osten die Ausnahme, da die Bekämpfung russischer Flugzeuge, wie beispielsweise zur Verhinderung feindlicher Luftaufklärung in Galizien im Frühjahr, nur selten den direkten Auftrag der deutschen Luftstreitkräfte darstellte[113]. Anslinger, der in diesem Jahr erstmals als Jagdflieger agierte, kommentierte das zurückhaltende Vorgehen der zarischen Flieger wie folgt: »ich [hatte] eine unerhörte Geduld, wie beim Angeln, denn da konnte [man] ebenfalls stundenlang warten bis einer anbiss und ähnlich verhielt es sich auch bei meiner ›Russenangelei‹[114].« Gelegentlich wussten sich russische Piloten in für sie brenzligen Situationen z.B. dadurch zu wehren, dass sie bei einer Verfolgung durch

[111] Loewenstern, Der Frontflieger, S. 93.
[112] HStA Stuttgart, M 1/11, Bü 398, Königsberichte: XIII. Armeekorps an der Ostfront, 31.7.1915; Hublitz, Flieger-Erlebnisse, S. 49.
[113] Anslinger, Aus meinem Fliegerleben, S. 116, 121, 125; Der große Krieg 1914–1918, S. 28, 30.
[114] Anslinger, Aus meinem Fliegerleben, S. 116.

deutsche Flieger gezielt auf eigene Flakstellungen zuflogen, um ihre Verfolger auf diese Weise abschütteln zu können[115].

Erst ab 1916 nahmen Luftkämpfe im Nord- und Südabschnitt der Front zu, was hauptsächlich auf die Aufstellung erster russischer Jagdverbände an diesen Abschnitten zurückzuführen war. Doch waren in diesen Einheiten zu diesem Zeitpunkt insgesamt nur rund 50 Jagdflugzeuge verfügbar, welche wiederum bloß zu einem kleinen Teil tatsächlich einsatzbereit und auf dem Stand der damaligen Technik waren[116]. Luftkämpfe blieben daher eine Rarität an der Ostfront, wie die Kriegstagebücher der FFA 37 oder der FA (A) 214 aus dem Jahre 1916 zeigen. Die FFA 37 operierte im ersten Halbjahr 1916 im Baltikum, wobei insgesamt nur zwei ergebnislose Luftkämpfe im April und Mai stattfanden[117]. Ähnlich verhielt es sich bei der FA (A) 214, die im zweiten Halbjahr 1916 im Raum Kowel flog, wobei es ebenfalls insgesamt zu zwei Luftkämpfen ohne Ergebnis kam[118]. Richthofen, der mit dem KaGOHL 2 von Juni bis August von Kowel aus Einsätze flog, erlebte zu seinem Bedauern keinen einzigen Luftkampf: »Es ist sehr schade, dass in meiner Sammlung kein Russe vorhanden ist. An der Wand würde sich seine Kokarde gewiss ganz malerisch machen[119].« Bezeichnend ist in diesem Zusammenhang, dass die im Herbst 1916 erfolgte Aufstellung der zarischen Jagdverbände von den Mittelmächten im April 1917 noch nicht einmal bemerkt worden war[120].

Dennoch nahm die russische Flugaktivität in den Augen der Armeeoberkommandos ein solches Ausmaß an, dass an der Ostfront Alarmierungssysteme zur Bekämpfung feindlicher Flugzeuge eingerichtet wurden. Dadurch sollten von Beobachtungsposten an der Front feindliche Maschinen und ihre Richtung an die bereits erwähnten Kampfeinsitzerkommandos und Staffeln gemeldet werden, welche zugleich die Feldfliegerabteilungen und die Flakstellungen des Abschnittes alarmieren sollten[121]. Zusätzlich sollte Abfangjägern in den weitläufigen Sektoren in der Luft durch »Wegweiserschüsse« der Flak und Sichtzeichen am Boden der Weg zu ihren Zielen gewiesen werden. Ungeachtet dessen blieb die Intensität der Gefechte in der Luft weiter gering, wodurch selbst Begegnungen in der Luft, die lediglich zum Austausch einiger Salven ohne Resultate führten, noch im November 1916 lobend in Armeebefehlen Erwähnung fanden[122]. Eine echte Herausforderung für die Flieger der Mittelmächte stellte während des gesamten Krieges die Bekämpfung der Bomber

---

[115] Hublitz, Fliegererlebnisse, S. 49; Schäfer, Vom Jäger zum Flieger, S. 75. Bedingt durch die oft nur mangelhaft in Flugzeugerkennung geschulten russischen Flakartilleristen konnte dies eine sehr gefährliche Lösung sein.

[116] Blume, The Russian Military Air Fleet, Bd 2, S. 192–194; Kulikov, Nieuport 17/23, S. 30, 34.

[117] BArch, RM 114/19, Kriegstagebuch der 37. Feld-Flieger-Abtlg. vom 18.9.15 bis 1.4.16, Bd 2, 25.4.1916, 27.5.1916.

[118] BArch, PH 19/27, Fliegermeldungen der FA (A) 214 (Juni–Dez. 1916), 28.9.1916, 1.10.1916.

[119] Richthofen, Der rote Kampfflieger, S. 63.

[120] BayHStA, ILuft 36/13, Kriegsgliederung und Kräfteverteilung der russischen Fliefgertruppe [sic!] nach dem Stande vom 15.4.1917, S. 4.

[121] Anslinger, Aus meinem Fliegerleben, S. 114; BArch, PH 5 II/336, Befehle und Akten der Kaiserlich-Deutschen Südarmee 1916, 28.6.1916; BArch, PH 5/490, Akten des Ballon-Abwehr-Kanonen-Zugs I, Feld-Art.-Reg. 47, Befehl vom 20.5.1916.

[122] BArch, PH 5 I/82, Heeresgruppe Linsingen, Armeebefehle aus den Jahren 1916 und 1917, Armeebefehl Nr. 32 (1.11.1916).

vom Typ Sikorsky »Ilja Muromez« dar, die ab 1915 von ihren Basen aus regelmäßig lange Aufklärungs- und Bombermissionen unternahmen. Zwar waren diese Einsätze selten, doch wurden zu ihrer Abwehr meist alle verfügbaren Flugzeuge alarmiert. Durch die starke Abwehrbewaffnung mit mehreren Maschinengewehren waren die Bomber hervorragend geschützt, weshalb es den Mittelmächten nur gelang, zwei dieser Bomber im Luftkampf abzuschießen[123].

Die Aggressivität bei der Bekämpfung gegnerischer Luftstreitkräfte steigerte sich ab dem Frühjahr 1917 entscheidend, als auf russischer Seite vermehrt modern ausgestattete Jagdfliegerformationen analog zu den deutschen Geschwadern zu Gruppen zusammengefasst und mit Erfolg an Brennpunkten konzentriert wurden[124]. Im Frühsommer 1917 erreichten die Luftkampfaktivitäten an der Ostfront eine bis dato ungekannte Intensität. Insbesondere im Südabschnitt konnten Fernaufklärungsflüge nur mehr mit Geleitschutz sicher durchgeführt werden, da russische Jagdflieger in der Luft in Formationen von bis zu neun Maschinen operierten[125]. Dem erfahrenen Abteilungsführer der FA (A) 242w, Hauptmann Wilhelm Baur de Bétaz, schien es sogar, dass »im Vergleich zum Westen kein Unterschied bestand«[126]. Im Südabschnitt gelang es den russischen Fliegern, kurzzeitig gegen die k.u.k. Fliegertruppen die Luftüberlegenheit zu erringen. Auf ganzer Frontlänge beanspruchten russische Piloten von Januar bis Mitte Juli 76 Luftsiege über österreichisch-ungarische und deutsche Flugzeuge, von denen auf Grundlage der ausgewerteten Quellen etwa 40 bestätigt werden können[127]. Dazu passend entfielen auf deutscher Seite annähernd 50 Prozent der gesamten Luftfahrzeugverluste an der Ostfront auf das Jahr 1917[128]. Als Reaktion flogen deutsche Flieger immer öfter selbst nachts Bombenangriffe auf russische Flugplätze, die das Ziel hatten, die feindlichen Maschinen am Boden zu zerstören oder zumindest deren Startbahnen unbrauchbar zu machen[129]. Als weitere Reaktion auf die veränderte Lage stellte u.a. die Südarmee zwei zusätzliche provisorische Kampfstaffeln unter Führung der FA (A) 220 und 242w mit Jagdeinsitzern vom Typ Roland D. II, Halberstadt D. II und Albatros D. III auf. Auch abseits von Geleitflügen für Aufklärungsmaschinen operierten diese beiden Einheiten erfolgreich und konnten allein im Juni des Jahres 14 Fesselballons und zwei Flugzeuge

---

[123] Anslinger, Aus meinem Fliegerleben, S. 127 f.; Wolff, Der Sieg, S. 156. Im Gegenzug erlitten die Luftstreitkräfte der Mittelmächte Verluste bei der Bekämpfung der Bomber. Die Angaben schwanken hierbei in der Literatur zwischen 9 und 40, vgl. Blume, Air War East, S. 139; Hardesty, Aeronautics, S. 40; Igor Sikorsky, S. 148; Sikorsky, The Story, S. 137; Wilson, Eskadra Vozdushnikh Korablei (EVK), S. 125.

[124] Nachrichtenblatt der Luftstreitkräfte, 1 (29.3.1917), 5, S. 5.

[125] Anslinger, Aus meinem Fliegerleben, S. 148, 151; HStA Stuttgart, M 1/11, Bü 564, Königsberichte: Württ. Artillerie-Flieger-Abteilung 242. Einsatz Ostfront, Bericht vom 5.7.1917.

[126] HStA Stuttgart, M 1/11, Bü 564, Königsberichte: Württ. Artillerie-Flieger-Abteilung 242. Einsatz Ostfront, Bericht vom 5.7.1917.

[127] Blume, The Russian Military Air Fleet, S. 247; Campbell, Aces and Aircraft, S. 74, 91; Kulikov, Nieuport 17/23, S. 31; Kulikov, Alexander Kozakow, S. 576; Nachrichtenblatt der Luftstreitkräfte, 1 (30.8.1917), 27, S. 179.

[128] Eine Auswertung diverser Verlustlisten ergab rund 80 Gefallene für das Jahr 1917 und insgesamt ca. 180 für die gesamte Kriegsdauer, vgl. Casualities of the German Air Service, S. 172–327.

[129] Briefe eines deutschen Kampffliegers, S. 37; Cossel, Feldflieger, S. 192; Hublitz, Flieger-Erlebnisse, S. 49; Kilduff, From Russia, S. 170; Neumann, Die deutschen Luftstreitkräfte, S. 554 f.

abschießen[130]. Zusätzlich bestanden entlang der Front noch mindestens zehn weitere kleinere Jagdeinsitzerformationen. Angesichts dieser Entwicklung stiegen besonders die Verluste der zarischen Fliegertruppen durch Luftkämpfe oder Flakabschüsse Monat für Monat, wobei im Juni 1917 mit mehr als 30 im Kampf verlorenen Luftfahrzeugen der Höhepunkt erreicht wurde[131]. Nachdem die Luftüberlegenheit überall wieder hergestellt worden war, agierten die Luftstreitkräfte der Mittelmächte deutlich aggressiver. Besonders die hohen russischen Verluste an Jagdeinsitzern, die im folgenden Unterpunkt noch näher ausgeführt werden, erlaubten dies und ermöglichten u.a. die Zerstörung von über 30 russischen Fesselballons allein im Juni und Juli[132]. Der vermehrte Einsatz von Jagdflugzeugen beider Parteien führte auch im Nordabschnitt insbesondere während der Kämpfe im Raum Riga ab September 1917 zu häufigeren Luftkämpfen.

Ein Problem bei der Bestätigung von Abschüssen für die persönliche Statistik jedes Piloten bestand gerade an der Ostfront darin, dass die oft von Einzelnen oder von Ketten zu zwei bis drei Einsitzern ausgefochtenen Luftkämpfe vielfach nicht durch unbeteiligte Zeugen belegt werden konnten[133]. Die Dunkelziffer der Fliegern beider Seiten zuzurechnenden Abschüsse dürfte daher um einiges höher liegen, als es die offiziellen Akten scheinen lassen. Ebenso vermieden zarische Flieger wegen des geringen Vertrauens in die eigenen Motoren das Überfliegen der Front, wodurch die Luftkämpfe in der Regel hinter den russischen Linien stattfanden und Abschüsse deutscher Piloten mitunter lediglich als »jenseits der Linien zur Landung gezwungen« gewertet wurden[134]. Dieser Umstand bot zugleich den Vorteil, dass im Falle von Notlandungen wenn schon nicht die Fluggeräte, so doch die russischen Piloten meist schnell wieder einsetzbar waren. Dies spiegelt sich auch in der im Vergleich zu den Mittelmächten sehr niedrigen Zahl an kriegsgefangenen russischen Fliegern wider.

Deutsche Luftstreitkräfte bestritten in etwa 1200 Luftkämpfe an der gesamten Ostfront und verloren dabei durch Unfälle und durch Flugabwehrfeuer insgesamt 189 Flugzeuge[135]. Unklar bleibt, wie viele beschädigte Maschinen wieder repariert werden konnten oder als Totalverlust abgeschrieben werden mussten. So konnten Flugzeuge, die beschädigt auf eigenem Gebiet landen konnten, oft wieder instand gesetzt werden. Ein Beispiel hierfür liefert der österreichische Leutnant in der Reserve (i.d.Res.) Paul Mayer, der insgesamt vier Mal beschädigt notlanden konnte, bevor er beim fünften Abschuss tatsächlich in Gefangenschaft geriet[136]. Gleiches gilt für den damaligen Unteroffizier Averes, der als unerfahrener Einsitzerpilot im Sommer 1917

---

130 Kilduff, From Russia, S. 167; Nachrichtenblatt der Luftstreitkräfte, 1 (12.7.1917), 20, S. 72.

131 Anslinger, Aus meinem Fliegerleben, S. 152; Nachrichtenblatt der Luftstreitkräfte, 1 (12.7.1917), 20, S. 80–83.

132 Blume, The Russian Military Air Fleet, Bd 2, S. 225–241.

133 Anslinger, Aus meinem Fliegerleben, S. 151; Kilduff, From Russia, S. 166, 168; Meindl, Luftsiege der k.u.k. Luftfahrtruppen, S. 8.

134 Anslinger, Aus meinem Fliegerleben, S. 125; UTD, Ed Ferko Collection, Box 9, Folder 24, Jasta 81 Files.

135 Kennett, The First Air War, S. 175.

136 Blume, The Russian Military Air Fleet, Bd 2, S. 37, 58, 79, 89, 139.

Ein Angehöriger der FA (A) 242w vor dem Trümmern eines russischen Nieuport-Jagdeinsitzers. Das Wrack gehörte wie am markanten Seitenleitwerk erkennbar zur 19. Staffel, die zahlreiche russische Fliegerasse hervorbrachte. (Mit freundlicher Genehmigung von Angelika Anslinger)

mit seiner Roland D. II in einen Luftkampf geriet. Nachdem er von einem russischen Morane-Jäger überrascht worden war, suchte er sein Heil in einem riskanten Flugmanöver, das mit einer Bruchlandung auf eigenem Gebiet endete. Dieser Vorfall wurde von dem russischen Piloten als Luftsieg gezählt, obwohl Pilot und Maschine später wieder eingesetzt werden konnten[137]. Besonders verlustreich war in dieser Hinsicht das Jahr 1917, in dem an der Ostfront allein auf deutscher Seite knapp 90 Maschinen verloren gingen[138]. Abgesehen von den k.u.k. Streitkräften verzeichneten deren deutsche Verbündete an der Ostfront gemäß bisheriger Darstellungen 358 abgeschossene oder erbeutete zarische Maschinen für sich[139]. Diese Zahl wurde in der Literatur bislang häufig als ausschließlich aus Luftkämpfen resultierend angesehen. Die Auswertung amtlicher Quellen und der überaus akkurat ermittelten Listen Blumes ergab, dass dies jedoch bei weitem nicht zutreffend ist. Nur auf Abschüsse entfallen, wiederum den rumänischen Kriegsschauplatz und die Marineflieger ausgenommen, bis Ende 1917 knapp 140 feindliche Flugzeugverluste und rund 80 abgeschossene Fesselballons[140]. Hierzu müssen knapp zwei Dutzend bestätigte Abschüsse

[137] Nachlass Dietrich Averes, 1917, S. 1 f.

[138] Kennett, The First Air War, S. 175, 179.

[139] BArch, PH 9 XV/7, Verluste der deutschen Fliegertruppen (einschl. bayer. Fliegerverbände) vom 2.8.1914 bis 11.11.1918; Kennett, The First Air War, S. 175, 179.

[140] Blume, The Russian Military Air Fleet, Bd 2, S. 162–265.

durch Flaktreffer addiert werden[141]. Sehr wahrscheinlich wurden zu den 358 feindlichen Flugzeugverlusten in amtlichen Quellen auch mit ihren Maschinen übergelaufene russische Besatzungen gezählt, die insbesondere nach der Oktoberrevolution immer zahlreicher wurden.

Insgesamt gesehen spielte die Bekämpfung gegnerischer Flugzeuge in der Luft nur eine untergeordnete Rolle im Luftkrieg an der Ostfront im Ersten Weltkrieg. Erst im späteren Verlaufe des Krieges kam es zu regelmäßigen Luftkämpfen entlang bestimmter Frontabschnitte, die zu einem vermehrten Einsatz von Jagdeinsitzern auf beiden Seiten führten. Die Sonderstellung, die hierbei die Jasta »Ober Ost« einnahm, wird im folgenden Abschnitt beschrieben.

5. Die Jagdstaffel »Ober Ost«

Im Frühsommer 1917 entschloss sich die OHL zur Aufstellung einer nur für die Ostfront bestimmten Jagdstaffel. Die Jastas als selbstständige Jagdeinsitzerverbände waren seit dem Sommer 1916 im Westen und dann an anderen Fronten eingeführt worden. Die Bildung dieser kampfkräftigen Jagdverbände ermöglichte eine Spezialisierung der Piloten auf die reine Luftfahrzeugbekämpfung. Da an der Ostfront jedoch wie bereits ausgeführt vorwiegend vielseitig einsetzbare Besatzungen gefordert waren, schienen Jagdstaffeln hier zunächst nur von geringem Kampfwert zu sein.

Das Erstarken russischer Fliegeraktivitäten ab dem Frühjahr 1917 scheint in dieser Hinsicht einen Sinneswandel bewirkt zu haben. So wurde am 15. Juni 1917 aus einem Pool »ostfronterfahrener« Piloten unter der Führung des Rittmeisters Josef Wulf in Brest-Litowsk die Jasta »Ober Ost« als eigenständige Jagdstaffel aufgestellt und ab dem 4. Juli 1917 von Knjaze aus im Raum Tarnopol im Bereich der 2. k.u.k. Armee eingesetzt[142]. Wenige Tage später waren die ersten Erfolge in der Luft zu verzeichnen. Die Umschulung zum Jagdflieger hatten die Piloten zuvor an der Jagdfliegerschule Warschau durchlaufen. Laut Averes kamen hierbei gerade die taktischen Anteile erheblich zu kurz, denn »man benötigte dringend Jagdflieger«[143]. Stattdessen erfolgte eine knappe Einweisung auf die neue Aufgabe auf technisch veralteten Fokker Eindeckern. Deren praktischer Wert war beim Umgang mit den modernen Maschinen vom Typ Roland D. II, Albatros D. III und D. V in der Jasta eher begrenzt, was in der Anfangszeit zu einigen mitunter tödlichen Flugunfällen führte[144].

Die Staffel unterstand dem Kommando »Ober Ost« direkt und sollte als schnelle und flexible Einheit an Brennpunkten der Front zum Einsatz kommen[145]. Eine Jasta bot

141 Ebd., S. 199–262.

142 UTD, Ed Ferko Collection, Box 9, Folder 24, Jasta 81 Files; Nachlass Dietrich Averes, Jagstaffel Oberost, S. 1.

143 Nachlass Dietrich Averes, 1917, S. 2.

144 UTD, Ed Ferko Collection, Box 9, Folder 24, Jasta 81 Files; Nachlass Dietrich Averes, 1917, S. 2; ebd., Jagdstaffel Oberost, S. 3.

145 Above the Lines, S. 21; Nachlass Dietrich Averes, Jagdstaffel Oberost, S. 1.

Dietrich Averes (2. von links) mit drei Kameraden vor dem Wohnzug der Jasta 81 im Herbst 1917 im Baltikum. (Mit freundlicher Genehmigung von Evert Averes)

zudem völlig neue taktische Einsatzmöglichkeiten. Die systematische Abschirmung eigener Operationen und deren Vorbereitung konnte angesichts erstarkender feindlicher Luftstreitkräfte durch die Fliegerabteilungen mit ihren C-Typen und den vereinzelten Einsitzerkommandos nicht geleistet werden. Zum einen waren diese durch andere Aufgaben gebunden und zum anderen hierfür unter den gefährlicher werdenden Bedingungen nicht adäquat ausgerüstet. Eine nur für die Bekämpfung feindlicher Fluggeräte aufgestellte Einheit konnte diesen Anforderungen gerecht werden. Dass für diese Aufgaben eigens eine vollständige Jagdstaffel aufgestellt wurde, unterstreicht zudem die Bedeutung, die die Oberkommandierenden im Osten dem Faktor Luftüberlegenheit beimaßen. Um den Besonderheiten der Kriegführung an der Ostfront mit ihren schnell wechselnden Schwerpunkten begegnen zu können, konnte die gesamte Staffel in kürzester Zeit mit einem eigens hierfür umgebauten Zug verlegt werden. Unmittelbar vorher wurden von Eisenbahntruppen Gleisklauen direkt in die Nähe des neuen Feldflugplatzes gelegt[146]. Material und Personal fuhren dann mit dem Zug zum neuen Einsatzort und bereiteten das Gelände für die Überführung der Flugzeuge vor. Nach Meldung der Aufnahmebereitschaft flogen die Maschinen an ihren neuen Bestimmungsort. Während des Aufenthaltes war das gesamte Personal in Waggons, die zu speziellen Wohnzügen umgebaut waren,

[146] Nachlass Dietrich Averes, Jagdstaffel Oberost, S. 1.

untergebracht[147]. Auf diese Weise konnte binnen eines Tages die gesamte Jasta den Einsatzort wechseln. Haupteinsatzgebiete waren hierbei der Bereich der Südarmee sowie das Baltikum.

Die Aufgaben der Jasta »Ober Ost« bestanden vorrangig in der Bekämpfung feindlicher Fluggeräte. Tatsächlich hatte die gegnerische Luftkriegsaktivität zum Zeitpunkt der ersten Einsätze der Staffel im Juli ihren Zenit bereits überschritten. Infolge der Kampfhandlungen und der Auswirkungen der Revolution auf die eigene Industrie hatten die russischen Luftstreitkräfte erheblich an Schlagkraft eingebüßt. Besonders die horrenden Verluste an modernen Jagdeinsitzern wirkten sich verheerend auf die Schlagkraft aus. An Maschinen vom Typ Nieuport XVII, XXI und XXIII, die für ihre Pendants auf der Gegenseite recht respektable Gegner darstellten, hatten die russischen Fliegertruppen durch verschiedene Ursachen allein von Mai bis Juli 1917 knapp 40 Maschinen und 20 Piloten verloren. Dieser Aderlass bedeutete den Verlust von nahezu der Hälfte der ernstzunehmenden Jagdeinsitzer der Frontverbände und vieler erfahrener Flugzeugführer, der in dem wirtschaftlich wie militärisch stark geschwächten Land kaum mehr kompensiert werden konnte[148].

Dennoch flogen die deutschen Jagdflieger an der Ostfront zahlreiche Einsätze in Form von Patrouillen, Geleitschutzaufträgen oder speziell zur Ballonbekämpfung[149]. Am 24. September 1917 erfolgte die Umbenennung in »Königlich-preußische Jagdstaffel 81« und zur Unterstützung der Überquerung der Düna griffen die Piloten unter den Bedingungen der Luftüberlegenheit in die Gefechte am Boden mit ein und attackierten Truppen, Einrichtungen oder Züge mit ihren Bordwaffen. Der damals 23-jährige Dietrich Averes berichtete hierzu:

> »Es gab in bestimmten Abschnitten wenig Luftkämpfe. Unsere Luftüberlegenheit brachte für die Infanterie und Artillerie grosse Vorteile, besonders auch bei der Bekämpfung von Erdzielen. Der sichere Schutz (Jagdschutz) von Artillerieflugzeugen, die Feuerleitungen durchführten, konnte garantiert werden[150].«

Die genaue Zahl der Abschüsse im Osten lässt sich kaum mehr feststellen, da sich wie so oft im Osten für zahlreiche Luftsiege keine offizielle Bestätigung fand. Daher konnte die Jasta während ihres Einsatzes im Osten lediglich sechs offiziell bestätigte Luftsiege erringen. Hinzu kamen zwei Fälle, die als »jenseits der feindlichen Linien zur Landung gezwungen« registriert wurden[151]. Es ist davon auszugehen, dass die Jasta eher durch die Demonstration von Präsenz in Form von regelmäßigen Patrouillen als durch aggressives Vorgehen die Lufthoheit sicherte. Im gleichen Zeitraum verlor die Einheit fünf Piloten und einige irreparable Maschinen[152].

---

147 Ebd.

148 Anslinger, Aus meinem Fliegerleben, S. 148; Blume, The Russian Military Air Fleet, Bd 2, S. 86–118.

149 Nachlass Dietrich Averes, Jagdstaffel Oberost, S. 2 f.; ebd., Ballonabschuss, Bl. 1, 6.

150 Ebd., Jagdstaffel Oberost, S. 2.

151 UTD, Ed Ferko Collection, Box 9, Folder 24, Jasta 81 Files.

152 Casualities of the German Air Service, S. 228, 232, 235; UTD, Ed Ferko Collection, Box 9, Folder 24, Jasta 81 Files; Nachlass Dietrich Averes, Jagdstaffel Oberost, S. 3. In Luftkämpfen bzw. durch Flakbeschuss starben der Leutnant Schön (14.10.1917) sowie der Vizefeldwebel Fleischmann (4.11.1917). Leutnant Richard kam bei einem Flugunfall ums Leben (11.9.1917); die Vizefeldwebel Gillardoni und Kunze gerieten in russische Gefangenschaft.

Nach dem Friedensvertrag von Brest-Litowsk verlegte die Jasta 81 im März 1918 an die Westfront, wo sich die Piloten nun harten Luftkämpfen gegen gut ausgerüstete und zahlenmäßig überlegene britische und französische Gegner gegenüber sahen. Averes beschrieb die Situation folgendermaßen: »Im Westen ging es heiss her. Die Jagdstaffel Oberost [sic!] wurde nach Frankreich verlegt. Die Verhältnisse waren nun wesentlich schwieriger als im Osten[153].« Nach der Gewöhnung an die neuen Umstände konnten die Staffelangehörigen bis Kriegsende 36 weitere Luftsiege bei elf Eigenverlusten für sich verbuchen[154]. Piloten wie Averes, der Vizefeldwebel Alfons Nagler oder der spätere Staffelkapitän Leutnant Herbert Knappe erzielten fünf oder mehr Luftsiege, bevor die Staffel am 30. November 1918 in Frankfurt an der Oder aufgelöst wurde[155].

Die Jasta Ober Ost als eine Art »Frontfeuerwehr der Lüfte« operierte also durchaus erfolgreich im Osten. In den jeweiligen Brennpunkten flexibel einsetzbar, konnte durch sie die Luftüberlegenheit gesichert und so direkt oder indirekt Bodenoperationen unterstützt werden. 1918 erfolgte die Verlegung in den Westen, wo sich die erfahrenen Piloten nach einer Gewöhnung an die neuen Umständen ebenfalls bewährten.

153 Nachlass Dietrich Averes, Im Westen, S. 1.

154 UTD, Ed Ferko Collection, Box 9, Folder 24, Jasta 81 Files; The Jasta War Chronology, S. 113 f., 155–277.

155 UTD, Ed Ferko Collection, Box 9, Folder 24, Jasta 81 Files.

V. Die Dimension der Ostfront als »Erfahrungsraum« der Flieger

1. Die Wahrnehmung Osteuropas als »Raum«

Die bislang erarbeiteten Rahmenbedingungen, Anforderungen und Einsätze, mit denen die deutschen Luftstreitkräfte in Osteuropa konfrontiert wurden, ließen diesen Mikrokosmos für sie zu einem ganz eigenen »Erfahrungsraum« werden. So sind in den ausgewerteten Quellen immer wieder typische Äußerungen zu finden, die auf die Eigentümlichkeit der Ostfront als »Raum« zurückzuführen sind und die in diesem Kapitel unter den Aspekten typischer Erfahrungen, Probleme und Ängste untersucht werden.

Häufig wurde der Einsatz im Osten von den Angehörigen der Luftstreitkräfte vor allem in den ersten beiden Kriegsjahren als Gelegenheit betrachtet, an einem »richtigen Krieg«[1] im »konventionellen« Sinne im Gegensatz zum Stellungskrieg im Westen beteiligt zu sein, was, wie im Falle Richthofens 1915, eine gewisse Anziehungskraft für junge Piloten und Beobachter nach sich zog: »nach vierzehn Tagen schickte man mich bereits raus, zu meiner größten Freude an die einzige Stelle, wo wir noch Bewegungskrieg hatten, nämlich nach Russland[2].« Den Einsatz 1915 bei der 11. Armee Mackensens bezeichnete er rückblickend als seine »schönste Zeit«[3], die ihm »großen Spaß«[4] bereitet habe. Hinzu kam in der Anfangsphase des Krieges noch, dass wegen der exponierten Lage Ostpreußens die Notwendigkeit der unmittelbaren Verteidigung eigenen Gebietes gegen einen von der Propaganda als »barbarisch« dargestellten Gegner bestand[5]. Im Gegensatz zur schnell erstarrten Westfront wurde dieser Krieg überwiegend in einem laut Horn konventionellen Sinne geführt, was für die Fliegerformationen ein regelrechtes »Nomadenleben«[6] oder »Zigeunerleben«[7] bedeutete[8]. Nicht nur durch die mobile Kriegführung, sondern auch durch die damit verbundenen vielfältigen Aufgaben versprach die Ostfront vor dem Aufkommen der prestigeträchtigen Jagdfliegerei ein überaus interessantes Betätigungsfeld zu

---

1 Koerber, Das fliegende Heer, S. 125.
2 Richthofen, Der rote Kampfflieger, S. 38.
3 Ebd.
4 Ebd., S. 40.
5 Fritz, The World War I Memoirs of a German Lieutenant, S. 42; Horn, Im Osten nichts Neues, S. 219 f.; Loewenstern, Der Frontflieger, S. 30.
6 Briefe eines deutschen Kampffliegers, S. 38.
7 Schilling, Flieger an allen Fronten, S. 34.
8 Horn, Im Osten nichts Neues, S. 222.

sein. Im östlichen Luftkrieg schien es generell wesentlich mehr auf die fliegerischen Qualitäten der Besatzungen anzukommen, die ihr Fluggerät genau kennen und beherrschen mussten, um über den technikfeindlichen Weiten Osteuropas ihre Aufträge erfüllen zu können[9]. Besonders ehemalige Kavalleristen in den Reihen der Flieger fühlten sich an die alte Aufgabe der Reiterei als klassische Aufklärer erinnert, nur dass sie diese nun als »Kavallerieflieger«[10] über statt in feindlichem Gebiet durchführten[11]. Schröder gab in seinen Memoiren an, er habe sich Ende 1915 während seiner Ausbildung bewusst für die ihm reizvoller scheinende Ostfront entschieden, um nicht in den »Masse-Einrichtungen«[12] der Westfront dienen zu müssen.

Ab 1916 trat ein Wandel dieser Wahrnehmung in Fliegerkreisen ein. Vor allem wenn Einheiten nach dem Einsatz an der Westfront in den Osten verlegt wurden, kam ihnen der Dienst dort regelrecht erholsam vor. Die Einsätze in Osteuropa schienen zwar generell abwechslungsreich und interessant, aber bei Weitem weniger gefährlich, sodass erschöpfte Abteilungen von der »blutgetränkte[n] Westfront«[13] zur Regeneration in den vermeintlich ruhigeren Osten verlegt und wiederum gegen frische Abteilungen von dort ausgetauscht wurden[14]. Oberleutnant Maximilian von Cossel (1893–1967) von der FFA 62 schrieb hierzu:

> »Die Fliegertätigkeit im Osten war sehr befriedigend, weil alle Flüge planmäßig ausgeführt werden konnten mit Ausnahme derjenigen, die wegen Motorpanne vorzeitig abgebrochen werden mussten. Im Westen wurde sowohl das Artilleriefliegen wie die Fernaufklärung schwer behindert und oft durch die Tätigkeit der feindlichen Jagdflieger unmöglich gemacht[15].«

Andere Quellen sprechen in diesem Kontext vom »Spazierenfliegen« an der Ostfront oder von einem geeigneten Gebiet für die »Anfängerzeit«, in dem junge Besatzungen ihre ersten Erfahrungen sammeln konnten[16]. Leutnant Gustav Schmuttermayer von der FFA 4 bayrisch (b) formulierte dies positiv: »Es bleibt viele [sic!] Zeit zur Muse [sic!], zum Genießen des Fluges übrig[17].« Die ersten Jagdeinsitzer, die im Westen eine zunehmend bedeutendere Rolle spielten, ernteten im Osten sehnsüchtige Blicke wie z.B. Anfang 1916, als eine Begegnung mit einem Fokker Eindecker Schröder zu der Äußerung hinreißen ließ, dieser sei der eigentliche »Herrscher der Lüfte«[18]. Im Gegensatz dazu fühlten sich die übrigen Besatzungen oft lediglich als »Mädchen

---

9 Lehmann, Erkundungsflüge, S. 188; Mühlig-Hofmann, Zwei Kriegsflüge, S. 10; Schröder, Erlebter Krieg, S. 155.
10 Richthofen, Der rote Kampfflieger, S. 42.
11 Bismarck, Kriegstheater, S. 17; Richthofen, Der rote Kampfflieger, S. 38.
12 Schröder, Erlebter Krieg, S. 155.
13 Schilling, Flieger an allen Fronten, S. 183.
14 Cossel, Feldflieger, S. 187 f.; Hoeppner, Deutschlands Krieg in der Luft, S. 47; Richthofen, Der rote Kampfflieger, S. 63; Schäfer, Vom Jäger zum Flieger, S. 68; Schilling, Flieger an allen Fronten, S. 183.
15 Cossel, Feldflieger, S. 189.
16 Briefe eines deutschen Kampffliegers, S. 37; Hastings, The Making of a German Observer, S. 327 f.; Hublitz, Flieger-Erlebnisse, S. 51.
17 Schmuttermayer, Flieger-Erinnerungen, S. 11.
18 Schröder, Erlebter Krieg, S. 161.

für alles«[19], wie es Leutnant Friedrich-Karl Hublitz von der FFA 32 durchaus treffend beschrieb. Die Rahmenbedingungen für die Luftstreitkräfte an der Ostfront sorgten zugleich dafür, dass sich die seit 1914 dort eingesetzten Besatzungen trotz ihrer Leistungen als benachteiligt gegenüber ihren Kameraden an der Westfront empfanden[20]. Gleichzeitig richtete sich die mediale Aufmerksamkeit ab 1916 immer mehr auf den Luftkrieg im Westen, selbst wenn von offizieller militärischer Seite die Leistungen der Abteilungen an der Ostfront durchaus Beachtung fanden. Wie Loewenstern es zuspitzte, galt seitdem »der Westen als gutes Beispiel, wie ein braves Kind zu einem unartigen Bruder«[21]. Dass diese Einschätzung objektiv betrachtet keineswegs gerechtfertigt war, zeigen die oft für die Kriegführung überaus relevanten Einsätze über Osteuropa. Das Gefühl der Anerkennung, unter dem die deutschen Luftstreitkräfte an der Ostfront ihren Dienst verrichteten, schwand also insbesondere bei dauerhaft dort eingesetzten Soldaten im Laufe des Krieges. Die anfangs noch als interessant empfundene Tätigkeit wurde ab 1916 durch die häufigeren Kontakte mit den scheinbar ständig in Luftschlachten verwickelten Besatzungen der Westfront zusehends geringer geschätzt, woran auch die propagandistische Nutzung Anteil hatte. Abteilungen hingegen, die von der Westfront in den Osten abkommandiert wurden, sahen dies überaus positiv, da dort zwar interessante Tätigkeiten auszuführen waren, diese aber für gewöhnlich bei Weitem nicht so gefährlich waren wie im Westen.

Zu den weiteren Merkmalen des »Erfahrungsraumes« Ostfront gehörte abseits des Krieges die ansässige Bevölkerung, mit der die Angehörigen der Luftstreitkräfte immer wieder in Kontakt kamen und die zahlreiche Spuren in den persönlichen Aufzeichnungen hinterließ. Bereits bei den ersten Flügen über das Zarenreich 1914 fielen dem Oberleutnant Ernst Rademacher Unterschiede im Vergleich zum Deutschen Reich auf: »dann geht es hinein in das weite, russische Land, das in seiner Eintönigkeit – alle Straßen sind ohne Bäume – im Vergleich zu unserem schönen Deutschland einen traurigen Eindruck macht[22].« Weitaus theatralischer liest sich ein ähnlicher erster Eindruck vom August 1915: »Das Gelände – die Wege – die Dörfer machen es jeden [sic!] leicht erkennbar, dass man ›heiligen‹ russischen Boden betreten hatte[23].« Generell waren die Assoziationen deutscher Flieger mit dem in der Regel unbekannten Zarenreich wie beim Leutnant d.Res. Herbert Volck (1894–1944), der damit vor allem »weite, tote Schneeflächen, schmutzige, kleine Häuser, Ungeziefer«[24] verband, eher negativer Natur. Gilg schrieb in einem Brief vom 18. Dezember 1915 an seine Eltern, dass er es im Osten bedauere, »weit, weit fort von euch, 700 km von Deutschlands Grenze«[25] unter einem Tannenbaum zu feiern, »der in russischen

19 Hublitz, Flieger-Erlebnisse, S. 48. Dieser Eindruck dürfte durch die des Öfteren bestehende Notwendigkeit, die Verbündeten der k.u.k. Armee in der Luft wie am Boden zu unterstützen, noch verstärkt worden sein.

20 Blume, Air War East, S. 154; Loewenstern, Der Frontflieger, S. 85.

21 Loewenstern, Der Frontflieger, S. 85.

22 BArch, RL 2 IV/266, Flieger bei Tannenberg, S. 7.

23 BArch, PH 5 II/283, Abschrift des Kriegstagebuches der 9. Armee vom 1.7.–4.8.1915 und der Heeresgruppe Prinz Leopold von Bayern vom 5.8.–31.8.1915, 19.8.1915.

24 Volck, Die Wölfe, S. 12.

25 Gilg, Nimm aufwärts, S. 67.

Festlich geschmückte Ukrainerinnen im Sommer 1916. Trotz anfänglicher Skepsis war die lokale Bevölkerung den Truppen der Mittelmächte gegenüber oft positiv eingestellt.
(Mit freundlicher Genehmigung von Angelika Anslinger)

Wäldern für ein deutsches Weihnachtsfest gefällt werden wird«[26]. Doch insgesamt fanden weniger diese Beobachtungen als vielmehr direkte Erfahrungen mit der lokalen Bevölkerung Eingang in die Aufzeichnungen. Zu Beginn des Krieges standen die Angehörigen der Luftstreitkräfte der Mittelmächte der Bevölkerung des Zarenreiches eher distanziert gegenüber. Die Besatzungen fürchteten, im Falle einer Notlandung nicht unbedingt von russischen Soldaten, sondern von aufgebrachten Zivilisten umgebracht zu werden[27].

Erste Begegnungen nach ungeplanten Landungen oder im Zuge der Einquartierung auf zarischem Gebiet ließen diese Ängste bald verschwinden, sodass die Einheimischen 1915 allenfalls noch durch ihr »unverständliches Geschnatter« befremdlich wirkten[28]. Die Furcht wich vielfach dem Mitgefühl, das viele Flieger u.a. während der Phase des großen russischen Rückzuges im zweiten Kriegsjahr mit der Zivilbevölkerung empfanden, die unter der »Taktik der verbrannten Erde« besonders zu leiden hatte[29]. Der Ballonbeobachter Leutnant d.Res. Ernst Struck ging in Galizien daher auf den Wunsch einer einheimischen Frau ein, die ihn inständig darum gebeten hatte, von seinem Ballon aus in Erfahrung zu bringen, ob ihr Haus im Kampfgebiet noch stünde. Er konnte dies zur großen Freude der Frau

26 Ebd.

27 BArch, PH 9 XV/11, Vortrag des Inspekteurs der Fliegertruppen vom Juni 1917; Loewenstern, Tannenbergflieger, S. 153; Richthofen, Der rote Kampfflieger, S. 62; Volck, Die Wölfe, S. 11, 15.

28 Deutschland in der Luft voran!, S. 160; Loewenstern, Tannenbergflieger, S. 153.

29 DiNardo, Breakthrough, S. 123; Loewenstern, Der Frontflieger, S. 87; Schilling, Flieger an allen Fronten, S. 35, 41.

sogar mit einem Foto belegen[30]. Außerdem wurden durch die besonderen infrastrukturellen Gegebenheiten in Osteuropa gezielt Einheimische als Führer und Fahrer von Pferdefuhrwerken für die Gewährleistung des Nachschubs angeworben, was wiederum die gegenseitige Vertrautheit erhöhte[31]. Deilmann schrieb in einem Brief vom Herbst 1915 aus dem heute ostpolnischen Bialystok: »Überhaupt ist die Bevölkerung froh, dass die Deutschen so rasch gekommen sind, denn die Russen wollten alles fortschleppen und dann die Stadt – wie gewöhnlich – niederbrennen[32].« Gelegentlich erfuhren hinter der Front abgeschossene Flieger sogar Hilfe durch russische Zivilisten.

In der Wahrnehmung dominierend war die Rückständigkeit der Einwohner in den Augen der mit modernster Technik ausgestatteten Angehörigen der Fliegertruppe, weshalb Nagel hierzu bemerkte: »Russian Poland had not yet emerged from feudalism[33].« Insbesondere in Galizien und Wolhynien trafen die Soldaten der Luftstreitkräfte bei Einquartierungen auf in ihren Augen katastrophale Lebensverhältnisse. Die dürftigen hygienischen Bedingungen und die schlechten Trinkwasserverhältnisse hatten in den Sommermonaten vor allem im Mittel- und Südabschnitt der Front direkte Auswirkungen auf die Einsatzbereitschaft von Besatzungen und Bodenpersonal, da Krankheiten wie Typhus, Malaria oder die Ruhr grassierten. Weil Durchfallerkrankungen und Fernaufklärungsflüge naturgemäß eine ungünstige Kombination darstellen, konnten die Einsatzstärken der Fliegerformationen massiv eingeschränkt sein[34].

Ein anderes wiederkehrendes Motiv in den Quellen besteht in den ähnlich verlaufenden ersten Reaktionen der osteuropäischen Landbevölkerung auf die Ankunft der deutschen Flugzeuge. Die meist als abergläubig beschriebenen Einheimischen waren von den modernen Fluggeräten in der Regel tief beeindruckt und teilweise von Ehrfurcht ergriffen, da sie sich beim Anblick der Maschinen oft staunend bekreuzigten[35]. Dass der Anblick und der Gebrauch von Flugzeugen nicht allein der bäuerlichen Landbevölkerung fremd war, zeigt eine Episode der FFA 62 in Wolhynien im Sommer 1916: Die in einem kleinen Gutshof untergebrachten Angehörigen eines Vorauskommandos der Abteilung fragten den Besitzer nach einer freien Fläche für einen Feldlugplatz, worauf dieser prompt seinen Tennisplatz anbot[36]. Ein für die Angehörigen der Luftstreitkräfte mit Hinblick auf die angespannte Verpflegungslage im Deutschen Reich sehr bedeutender Aspekt der Stationierung im Osten bestand in der allgemein besseren Verpflegung vor Ort. Dies war zum Einen auf die

---

30 Struck, Im Fesselballon, S. 16 f.

31 BArch, PH 3/128, Großer Generalstab. Mitteilungen über russische Taktik, S. 34; BArch, RL 2 IV/284, Die Luftwaffe während des Feldzuges in Polen im Herbst 1914 (September bis Dezember 1914); Loewenstern, Der Frontflieger, S. 51.

32 Das ungewöhnliche Fliegerschicksal, S. 46.

33 Fritz, The World War I Memoirs of a German Lieutenant, S. 47.

34 HStA Stuttgart, M 1/11 Bü 564, Königsberichte: Württ. Artillerie-Flieger-Abteilung 242. Einsatz Ostfront, Bericht vom 5.10.1916; ebd., Bericht vom 6.11.1916; ebd., Bericht vom 5.7.1917; Schilling, Flieger an allen Fronten, S. 39, 77; Schröder, Erlebter Krieg, S. 190.

35 Briefe eines deutschen Kampffliegers, S. 40; Cossel, Feldflieger, S. 186; Struck, Im Fesselballon, S. 16.

36 Cossel, Feldflieger, S. 186.

Angehörige der Jasta 81 bei einer Feier zu Beginn des Jahres 1918.
(Mit freundlicher Genehmigung von Evert Averes)

Möglichkeit zurückzuführen, günstig zusätzliche lokale Nahrungsmittel zu erwerben, zum Anderen auf die oft reichlich genutzten Gelegenheiten zur Jagd in den üppigen Wäldern, die besonders in den Schlechtwetterphasen eine willkommene Abwechslung und Gelegenheiten für Feiern brachte. Anslinger bedauerte sogar, die hervorragenden Jagd- und Fischgründe in Galizien 1915 verlassen zu müssen, »denn es war ja schliesslich Krieg und da gab es auch noch wichtigere Dinge zu tun«[37].

Neben den bereits geschilderten Erfahrungen brachte der Einsatz im Osten zugleich charakteristische Probleme und Ängste mit sich, die überwiegend mit den Spezifika des Kampfes im »Raum« Osteuropa verbunden waren. In vielen Berichten und Reminiszenzen sind Motive, die die Kriegführung in einer Koalition mit der Doppelmonarchie betreffen, zu finden. So ist des Öfteren pauschal von mangelndem Kampfgeist und fehlendem Durchhaltevermögen aufseiten der Verbündeten die Rede, für die die deutschen Truppen die Funktion von »Korsettstangen«[38] übernommen hätten. Bei direkten persönlichen Kontakten wiederum wurden die durchweg freundliche Behandlung und die Verdienste der k.u.k. Fliegerkameraden erwähnt[39].

[37] Anslinger, Aus meinem Fliegerleben, S. 107.
[38] Schröder, Erlebter Krieg, S. 185.
[39] Anslinger, Aus meinem Fliegerleben, S. 101, 116, 120; Cossel, Feldflieger, S. 186, 190; Koerber, Das fliegende Heer, S. 126; Schröder, Erlebter Krieg, S. 185; Briefe eines deutschen Kampffliegers, S. 35, 39.

Generell als sehr hoch galt das, wenn auch nicht unmittelbar tödliche Risiko, sich während eines Fluges über den weitläufigen und an Orientierungspunkten armen Regionen Osteuropas zu verirren. Tatsächlich endeten aus diversen Gründen immer wieder Flüge ungewollt auf russischem Territorium, obwohl es, wie Richthofen es ausdrückte, »eine peinliche Sache [war], auf der falschen Partei notzulanden und besonders in Russland«[40]. Neben dem Verlust der Orientierung waren hierfür Faktoren wie z.B. starke oder drehende Gegenwinde die Ursachen, da die nur schwach motorisierten Flugzeuge und selbst Luftschiffe bei Kriegsbeginn in solchen Fällen kaum genügend Treibstoff mitführen konnten, um das eigene Gebiet wieder zu erreichen. Allerdings ermöglichte die Durchlässigkeit der Front im Gegensatz zur Westfront immer wieder Besatzungen, sich zu den eigenen Linien durchzuschlagen[41]. Richthofen und sein Pilot, Oberleutnant Erich Graf von Holck, konnten so nach dem Absturz ihrer Albatros B. II über Galizien im August 1915 unversehrt wieder die eigenen Linien erreichen[42]. Dem am 1. Februar 1915 abgeschossenen k.u.k. Piloten Korporal Johann Wannek und seinem Beobachter, dem Oberleutnant Anton Morocutti gelang es, sich 21 Tage lang in feindlichem Gebiet der Gefangennahme zu entziehen[43]. Ein anderer gefürchteter Faktor bestand ab 1916 in der russischen Flak. Tatsächlich boten die zarischen Streitkräfte eine große Anzahl an Geschützen für die bodengebundene Luftverteidigung auf, die aber z.T. nur aus umfunktionierten Feldgeschützen bestanden. Nur an besonders relevanten Frontabschnitten stellte die bodengebundene Flugabwehr eine beachtliche Bedrohung dar, der die deutschen Luftfahrzeugangehörigen durchaus berechtigt Respekt entgegenbrachten[44]. Daneben traten die allgemeinen Risiken der Anfangszeit der Fliegerei in Form von Flugunfällen, die für einen erheblichen Teil der Verluste der Fliegertruppe verantwortlich waren. Dies gilt ebenso für die Ostfront, wo über 40 Prozent der verstorbenen Flieger ohne Feindeinwirkung umkamen[45].

Bei der Betrachtung persönlicher Zeugnisse fällt auf, dass oft weniger der russische Soldat als militärischer Gegner als vielmehr der abstrakte russische »Raum« gefürchtet wurde. Besonders war dies bei den zahlreichen Langstreckenflügen der Fall, die immer wieder weit auf zarisches Gebiet führten. In derartigen Situationen wand sich die Angst vor Notlandungen tief in feindlichem Gebiet wie ein roter Faden durch die Schilderungen der Besatzungen. Eberstein verdeutlichte dies 1914 mit der knappen Formulierung: »Nur nicht in Russland landen müssen und gefangen genommen werden[46]!« Machten sich noch über eigenem Gebiet Motorprobleme bemerkbar, wurden die Flüge in der Regel abgebrochen, um kein unnötiges Risiko

40 Richthofen, Der rote Kampfflieger, S. 62.
41 Anslinger, Aus meinem Fliegerleben, S. 89–91; Das fliegende Schwert, S. 105 f.; Das ungewöhnliche Fliegerschicksal, S. 21; Heichen, Mit Zeppelin und Flugzeug, S. 93 f., 167–171; Nachrichtenblatt der Luftstreitkräfte, 1 (11.10.1917), 33, S. 295; ebd., 2 (7.3.1918), 2, S. 17; Otto, Allerlei Fliegergeschichten, S. 108; Richthofen, Der rote Kampfflieger, S. 52.
42 Richthofen, Der rote Kampfflieger, S. 43.
43 Blume, The Russian Military Air Fleet, Bd 2, S. 19.
44 Nachrichtenblatt der Luftstreitkräfte, 1 (26.7.1917), 22, S. 108. Schröder, Erlebter Krieg, S. 181.
45 Casualities of the German Air Service, S. 172–327.
46 DTMB, NL 151: Nachlass Ernst Eberstein, S. 6.

einzugehen. Wie die Kriegstagebücher FFA 37 erkennen lassen, wurden z.B. vom 2. April 1916 bis zum 3. Juni 1916 sechs von 25 Flügen einer Maschine noch über eigenem Gebiet wegen Motorproblemen abgebrochen[47]. Über dem Feindesland richtete sich dann ein Großteil der Aufmerksamkeit der Besatzung auf den gleichmäßigen Klang des Motors, da Notlandungen tief in russischem Gebiet oft die gefürchtete russische Gefangenschaft bedeuteten[48]. Die Flieger mussten sich daher auf die Arbeit ihres Bodenpersonals verlassen können, die übereinstimmend als hervorragend beschrieben wird[49]. Traten dennoch durch klimatische Einflüsse, Beschuss oder Materialermüdung Probleme auf, wurde alles unternommen, um den Motor wieder in Gang zu bringen. Hierbei wurde unter teils akrobatischen Umständen auf unterschiedlichstes Material zurückgegriffen, sodass die Motoren im Notfall selbst mit Gewehrkolben, Ferngläsern oder leeren Gurtkästen bearbeitet wurden.

Misslang eine Notreparatur und konnten die eigenen Linien nicht mehr erreicht werden, war die drohende Gefangennahme allgegenwärtig. Allein die Vielfalt der Umschreibungen für diesen Sachverhalt zeugt von der Bedeutung dieses Themas für die Flieger: Man fürchtete, bald »auf den Lanzenspitzen der Kosaken«[50] zu sitzen oder »in Sibirien Steine zu klopfen«[51]. An anderer Stelle wird die Gefangenschaft als »Freibillet zur Sommerfrische nach Sibirien«[52] bezeichnet oder als »neue Vorstellungswelt, die einen zu einem ganz anderen Menschen machen wird, einem automatisch funktionierenden Produkt der boshaften Blödigkeit der Gefangenenwärter«[53]. Gerade für Besatzungen von Bombern und Tieffliegern war zudem die Furcht, Opfer von Übergriffen zu werden, groß. Sie fürchteten anfänglich sowohl die Zivilbevölkerung als auch Misshandlungen durch »Kosaken«[54] oder Soldaten, was mitunter durchaus der Realität entsprechen konnte[55]. Zu Beginn des Krieges am 11. Oktober 1914 wurden die beiden Leutnante Gunther Hass und Richard Roth von der FFA 31 nach ihrer Notlandung bei Uszczonow tatsächlich von zarischen Soldaten umgebracht, was von russischer Seite bestätigt wurde[56]. Richthofen bemerkte in diesem Kontext: »Der Russe ist auf Flieger ganz wild. Kriegt er einen zu fassen, schlägt er ihn ganz

47 BArch, RM 114/19, Kriegstagebuch der 37. Feld-Flieger-Abtlg. vom 2.4.16 bis 3.6.16, Bd 2; Cossel, Feldflieger, S. 189; DTMB, NL 151: Nachlass Ernst Eberstein, S. 126.

48 Loewenstern, Der Frontflieger, S. 38; Richthofen, Der rote Kampfflieger, S. 62; Schilling, Flieger an allen Fronten, S. 43; Schröder, Erlebter Krieg, S. 165.

49 BArch, RL 2 IV/266, Flieger bei Tannenberg, S. 10; Cossel, Feldflieger, S. 194; Loewenstern, Tannenbergflieger, S. 150; Loewenstern, Der Frontflieger, S. 38; Schmuttermayer, Flieger-Erinnerungen, S. 5.

50 Bismarck, Kriegstheater, S. 15.

51 Struck, Im Fesselballon, S. 44.

52 Gilg, Nimm aufwärts, S. 73.

53 Volck, Die Wölfe, S. 7.

54 Obwohl die Reiterei der zarischen Armee nicht nur aus Kosakenverbänden bestand, wurden im Sprachgebrauch der Besatzungen alle russischen Kavalleristen schlichtweg als »Kosaken« tituliert.

55 DTMB, NL 151: Nachlass Ernst Eberstein, S. 17; Volck, Die Wölfe, S. 11, 15; Vor der russischen Grenze, S. 977. Tatsächlich starben etwa 20 Prozent der aus den Armeen der Mittelmächte stammenden Kriegsgefangenen im Ersten Weltkrieg in russischen Lagern, doch stellte sich die Situation für Offiziere, die einen Großteil der fliegenden Besatzungen bildeten, in der Regel nicht so schlecht dar, siehe Hoeres, Die Slawen, S. 199.

56 Blume, The Russian Military Air Fleet, Bd 2, S. 14.

bestimmt tot[57].« Ähnlich wäre es beinahe dem Zugsführer Bela Fejes und seinem Beobachter, dem bereits erwähnten Reserveoffizier Paul Mayer von der Flik 14 ergangen. Die beiden hatten am 28. September 1917 einen Fesselballon abgeschossen, wobei der Ballonbeobachter umgekommen war. Nachdem das Abwehrfeuer die k.u.k Flieger zur Landung gezwungen hatte, sollten die beiden nach ihrer Gefangennahme von aufgebrachten russischen Infanteristen kurzerhand erschossen werden. Mayers Tagebuch war jedoch zu entnehmen, dass herbeigeeilte russische Flieger sie davon abhalten konnten[58]. Gerade den Kosaken haftete ein furchteinflößender Ruf an, der durch immer wieder auftauchende Gerüchte, wie der Fall des Oberleutnants Erich Leonhardt und des Leutnants Wilhelm Emmrich von der BAO im Mai 1915, die nackt in Stacheldraht hängend mit Folterspuren, ausgeplündert und enthauptet aufgefunden worden sein sollen, beflügelt wurde: »Man erzählte sogar, sie seien zu Tode gequält und ihnen dann der Kopf abgeschnitten worden[59].« Der Realitätsgehalt dieser Episode lässt sich nicht mehr feststellen, doch fand dieser Vorfall unkommentiert noch Eingang in die Literatur der 1990er Jahre[60]. Zusätzlichen Auftrieb dürften derartige Vorstellungen durch Veröffentlichungen in deutschen Zeitungen geliefert haben, in denen vor allem in den ersten beiden Kriegsjahren gezielt von tatsächlichen oder fiktiven Gräueltaten russischer Armeeangehöriger an gefangenen Fliegern berichtet wurde[61].

Gefährlich konnten auch Anklagen wegen vermeintlicher Kriegsverbrechen werden, wie der Fall des Beobachters und Oberleutnants d.Res. Beyreuther von der FFA 72 zeigt. Dieser war Ende 1916 wegen der Verwendung von Brandmunition gegen Ballons in russischer Gefangenschaft angeklagt, weshalb für ihn im Plädoyer die Todesstrafe gefordert wurde[62]. Auch Angehörige von Luftfahrzeugen, die Bomben auf Städte geworfen hatten, mussten mit einer Anklage vor einem Kriegsgericht rechnen. Der Zar persönlich hatte Bombardierungen von unbefestigten Orten als Kriegsverbrechen verboten, was sicherlich die Angst vor und Gerüchte über die russische Kriegsgefangenschaft bei für solche Unternehmungen vorgesehenen Luftfahrzeugbesatzungen erheblich gesteigert haben durfte[63]. Tatsächlich zeigen die Zeugnisse zurückgekehrter oder geflohener Kriegsgefangener ein weit weniger erschreckendes Bild als es die Ängste der Flieger erahnen lassen. Die durch Quellen bekannt gewordenen Behandlungen in Gefangenschaft waren, gelegentlich abgesehen vom ersten Kontakt mit aufgebrachten Zivilisten oder Kosaken, zumindest für Unteroffiziere und Offiziere oft regelrecht zuvorkommend. Gefangene Besatzungen wurden in vielen Fällen zunächst von ihren Gegenspielern der zarischen Fliegertruppe oder hohen Stabsoffizieren eingeladen: »Die russischen Flieger waren sehr nett, je-

57 Richthofen, Der rote Kampfflieger, S. 62.
58 Blume, The Russian Military Air Fleet, Bd 2, S. 139.
59 Carganico, Mit der B.A.O., S. 376.
60 Kilduff, Germany's First Air Force, S. 26.
61 Anslinger, Aus meinem Fliegerleben, S. 78; Blume, The Russian Military Air Fleet, Bd 2, S. 14; Kriegsbuch 1915, S. 85 f., 91, 111.
62 BArch, RL 2 IV/269, Alfred Heft. Dem Andenken seines Flugzeugführers im Felde von Oberleutnant d.R. a.D. Beyreuther.
63 Wilson, Eskadra Vozdushnikh Korablei (EVK), S. 120.

der von den Offizieren gab uns eine Garnitur Wäsche[64].« Der Aufenthalt in den russischen Gefangenenlagern entsprach zudem spätestens seit Anfang 1917 nicht mehr unbedingt immer höchsten Sicherheitsstandards, doch verschlechterte sich die Versorgungslage vor allem für gefangene Mannschaftsdienstgrade ab diesem Jahr stetig[65]. Besonders nach dem Zusammenbruch der Herrschaft des Zaren herrschten seltsam anmutende Zustände in den russischen Gefangenenlagern, was sich u.a. im Bericht eines geflohenen Offiziers widerspiegelt: »Da das Lager in der Nähe einer großen Stadt liegt, ist es für Fluchten wie geschaffen[66].« Ein Unteroffizier der FA 24 wusste nach seiner Flucht davon zu berichten, dass er sich im in der Nähe des Lagers gelegenen Tscherkassy sogar frei bewegen konnte[67]. Zahlreiche Flieger und sonstige Kriegsgefangene nutzten daher ab 1917 die Gelegenheit, zu fliehen. Andere, wie der Leutnant d.Res. Johann Loibl verblieben bis 1920 in Kriegsgefangenschaft[68]. Abgesehen von der vermeintlichen Gefahr der Gefangennahme sorgte die Aussicht, im Falle einer Verwundung bei einer Notlandung schlimmstenfalls stundenlang ohne medizinische Versorgung bleiben zu müssen, für eine psychische Belastung der Fliegertruppen an der Ostfront[69].

Insgesamt gesehen war neben den Problemen mit den Spezifika des östlichen Kriegsschauplatzes, Unerfahrenheit im Einsatz von Luftstreitkräften und der Kriegführung als Koalition hauptsächlich die Furcht vor einem Absturz über russischem Gebiet die dominierende Angst der Flieger über der Ostfront. Weniger vom Gegner, wie in den täglichen Luftkämpfen der Westfront, als vielmehr vom Land selbst schien eine Gefahr auszugehen, die man kaum einschätzen konnte und der man im schlimmsten Fall ohne eigenes Verschulden ausgeliefert war.

2. Der Habitus der Angehörigen der Luftstreitkräfte an der Ostfront

Gemäß der Theorie des französischen Soziologen Pierre Bourdieu (1930–2002) stellt der Habitus eines sozialen Akteurs oder einer Gruppe eine »strukturierende Struktur«[70] für das jeweilige Verhalten und Auftreten dar. Durch die Summe gemeinsamer Erfahrungen, Existenzbedingungen und der Sozialisation innerhalb eines Gefüges entwickeln sich zu einem Habitus gehörige Wahrnehmungs-, Denk- und Handlungsweisen[71]. Somit laufen Handlungen mitunter automatisch und ohne Reflexionsprozess ab, wobei gerade im Zusammenhang mit kriegerischen Handlungen die genaue Situation berücksichtigt werden muss[72]. Auch aus den bis-

64 Nachrichtenblatt der Luftstreitkräfte, 1 (11.10.1917), 33, S. 295.
65 Ebd., 2 (28.2.1918), 1, S. 6.
66 Ebd.
67 Ebd., 2 (7.3.1918), 2, S. 20.
68 BayHStA, OP Personalakt 7411, Bericht über Gefangennahme.
69 Hallström, Heimkehr, S. 179; Hedin, Nach Osten!, S. 102.
70 Bourdieu, Die feinen Unterschiede, S. 279.
71 Ebd., S. 277 f.; Schwingel, Pierre Bourdieu, S. 61, 69.
72 Kehrt, Heldenbilder, S. 225.

her angeführten Erfahrungen und Anforderungen der an der Ostfront eingesetzten Luftstreitkräfte entwickelten sich mit der Zeit Eigenheiten im Verhalten der Besatzungen. Im Folgenden wird daher untersucht, inwiefern sich dort ein »eigener« Habitus unter den Fliegern entwickelte.

Das Besondere an den Angehörigen der Luftstreitkräfte im Ersten Weltkrieg war, dass sie sich aus unterschiedlichsten Truppengattungen zusammensetzten, die durch ihre jeweilige vorherige militärische Laufbahn und zum Teil durch frühere Fronterfahrungen sozialisiert worden waren. Die ausgewerteten Memoiren, Tagebücher und Aufzeichnungen lassen dennoch bereits nach kurzer Verwendungsdauer die Etablierung gewisser Wahrnehmungs-, Denk- und Handlungsschemata erkennen, die dem Einsatz im »Raum« Ostfront geschuldet sein müssen. Bedingt durch die bis 1917 im Vergleich zur Westfront nur minimalen Verluste der Luftstreitkräfte im Osten entwickelte sich eine weitgehende Distanz zu den Themen Tod und Verwundung, die sich hervorragend anhand der Schilderungen der Einsätze gegen feindliche Bodentruppen erkennen lässt. Bomben- oder Tieffliegerangriffe mit Bordwaffen wurden weniger als Angriffsaktionen als vielmehr eine Art »sportliche Betätigung« angesehen[73]. Sowohl an der Ostfront lang gediente wie nur vorübergehend hier eingesetzte Besatzungen beschrieben eindrücklich ihre Gefühle bei der Bekämpfung russischer Truppen aus der Luft. Selbst Schäfer, der vor seiner Verwendung als Pilot als Infanterist die Schrecken des modernen Krieges direkt miterlebt hatte, schrieb von den fabelhaften Erfolgen gegen die »halbasiatischen Truppen«[74], die bei den ersten Fliegerangriffen »einfach auseinanderliefen«[75]. Der Abwurf von Bomben auf Infanteriekolonnen wurde mit Euphemismen wie »raue Grüße«[76] oder »ein Ei [...] legen«[77] tituliert, wobei die Bomben »liebevoll zur Hand genommen«[78] wurden, um danach das am Boden ausbrechende Chaos beobachten zu können. In den Briefen an seine Verlobte beschrieb Böhme, der Beschuss von russischen Bodentruppen mit Maschinengewehren aus seiner »Geißel Wolhyniens«[79] genannten Maschine habe für große Erheiterung gesorgt[80]. Gilg beschrieb Feindflüge als »ausgedehnte[r] Russenbesuch«[81] und Volck schrieb nach einem Bombenangriff amüsiert: »die Russen krabbeln durcheinander wie aufgestörte Ameisen«[82].

Richthofen fügte ähnlichen Erfahrungen hinzu, es sei gerade an der Ostfront ein »besonderer Spaß, die Herren da unten mit Maschinengewehren zu beunruhigen. Solche halbwilden Volksstämme wie die Asiaten haben noch viel mehr Angst als die gebildeten Engländer[83].« Zwar entstammt ein Teil dieser Zitate Publikationen, die noch während des Krieges mit der Intention, diesen in gewisser Weise zu ver-

---

73 Loewenstern, Der Frontflieger, S. 41; Schröder, Erlebter Krieg, S. 202.
74 Schäfer, Vom Jäger zum Flieger, S. 69.
75 Ebd.
76 Bismarck, Kriegstheater, S. 15.
77 Richthofen, Der rote Kampfflieger, S. 63.
78 Loewenstern, Tannenbergflieger, S. 156.
79 Briefe eines deutschen Kampffliegers, S. 40.
80 Ebd., S. 36.
81 Gilg, Nimm aufwärts, S. 75.
82 Volck, Die Wölfe, S. 7.
83 Richthofen, Der rote Kampfflieger, S. 65.

herrlichen entstanden, doch zeigt zugleich das Vorkommen ähnlicher Passagen aus späterer Zeit, dass die überschwängliche Freude über solche Angriffsflüge keineswegs nur in Einzelfällen oder unter dem direkten Eindruck des Erlebten auftrat. Das Besondere dieser Schilderungen ist darüber hinaus die Geringschätzung der russischen Bodentruppen, die nicht als gleichwertig, wie britische oder französische Soldaten, sondern übereinstimmend als minderwertige »asiatische Horden«[84], »völlig unberechenbar, bald wie die Tiere, bald gutmütig bis zur Uebertreibung«[85], denen ganze Landstriche »aus niedrigster Rachsucht zum Opfer gefallen waren«[86], angesehen wurden. Auf der anderen Seite sind diese Aussagen im Entstehungskontext des Krieges zu sehen und sollten nicht als generelle Zeichen einer menschenverachtenden Einstellung der Beteiligten gewertet werden.

Die Möglichkeit, Flüge über der Ostfront abseits von technischen Problemen in der Regel ohne Störungen durchführen zu können, verleitete einige Besatzungen dazu, sich durch waghalsige Aktionen von der Masse ihrer Fliegerkameraden abzuheben. Der junge Pilot Oskar von Rothkirch und Panthen-Schottgau von der FFA 15 kam zusammen mit seinem Beobachter während einer Schlechtwetterperiode im Winter 1915/16 auf die Idee, das rund 60 Kilometer entfernte Dünaburg bei Nacht anzugreifen, um auf diese Weise das Eiserne Kreuz zu erwerben[87]. Das Unternehmen glückte, doch bestand das Resultat zum Leidwesen ihrer Kameraden vor allem darin, dass die russische Flugabwehr in dieser strategisch wichtigen Stadt verstärkt wurde[88]. Eine ähnliche Anekdote erschien im Herbst 1917 in der Zeitschrift »Luftwaffe. Wöchentliche Zeitschrift« unter dem Titel »Nachtbombenflüge im Osten«[89]. Selbst der ansonsten eher nüchtern wirkende Beobachter Schröder ließ sich nach wenigen Monaten an der Ostfront von der Idee anstecken, von Groß-Salwen aus im Mai 1916 St. Petersburg zu attackieren. Hierzu gab es Planungen, eine Aviatik C. III mit Zusatztanks umzurüsten, um die Reichweite zu erhöhen. Der Rückflug sollte in der Ostsee enden, wo die Besatzung durch ein Marineschiff aufgenommen werden sollte[90]. Sogar Besatzungen, die zuvor die verlustreichen Luftkämpfe an der Westfront erlebt hatten, ließen sich nach einiger Zeit im Osten zu »Fliegerscherze[n]«[91] hinreißen. Hiermit waren meist eigenmächtig durchgeführte Angriffe abseits der Erfüllung des eigentlichen Flugauftrages gemeint, die laut Böhme im Westen undenkbar gewesen wären[92]. Die älteren und erfahreneren Kameraden hingegen belächelten derartige Ambitionen oft als Auswüchse jugendlicher »P.L.M.-Jäger«[93].

---

84 Koerber, Das fliegende Heer, S. 12.

85 BArch, RL 2 IV/266, Flieger bei Tannenberg, S. 29.

86 Struck, Im Fesselballon, S. 41.

87 Loewenstern, Der Frontflieger, S. 88; Rothkirch und Panthen-Schottgau, Drei kleine Fliegergeschichten, S. 279.

88 Loewenstern, Der Frontflieger, S. 89.

89 Luftwaffe. Wöchentliche Zeitschrift, 1 (1917), 34, S. 6 f.; ebd., 1 (1917), 35, S. 12.

90 Schröder, Erlebter Krieg, S. 171.

91 Briefe eines deutschen Kampffliegers, S. 37.

92 Ebd.

93 Loewenstern, Der Frontflieger, S. 89. Gemeint ist mit »P.L.M.« der Orden Pour le Mérite, die höchste militärische Auszeichnung Preußens für Offiziere.

Besonders möglichst tiefe und waghalsige Tieffliegerangriffe wie auch spektakuläre Attacken auf russische Fesselballons waren in dieser Hinsicht beliebte »Zeitvertreibe«. Die Angriffshöhe bei derartigen Attacken, die selbstverständlich möglichst niedrig sein musste, wurde nach dem Flug mit Hilfe des Barogramms belegt[94]. Gelegentlich fanden solche Angriffe außerhalb des eigentlichen Kernauftrages lobend Erwähnung in offiziellen Dokumenten wie den Nachrichtenblättern der Luftstreitkräfte, wie u.a. der erfolgreiche MG-Beschuss eines Güterzuges, den eine Besatzung der FA 25 Anfang März 1917 laut Barogramm in nur 10 Metern Höhe unternahm[95]. Eine andere viel beachtete Aktion absolvierte von Cossel mit einer Roland C. II »Walfisch« im Oktober 1916 in Wolhynien. Der 23-jährige führte eine Bahnsprengung der Linie zwischen Rowno und Brody ca. 100 Kilometer hinter der Front durch, nachdem sein Pilot, der Vizefeldwebel Rudolf Windisch (1897–1918), ihn an einer geeigneten unbewohnten Stelle im Rücken der Front abgesetzt hatte. Durch diese vielfach als erste Luftlandeaktion der Geschichte angesehene Aktion gelang es, eine strategisch bedeutsame Linie für den russischen Nachschub in einer kritischen Situation kurzfristig vollständig zu blockieren. Medienwirksam wurde die Besatzung daraufhin mit zahlreichen Orden dekoriert und selbst das beteiligte Bodenpersonal erhielt Eiserne Kreuze II. Klasse[96]. Ein derartiger Flug Loibls mit seinem Piloten, dem Unteroffizier Heinrich Busse, führte unmittelbar in russische Gefangenschaft. Dem offiziellen Bericht ihres Vorgesetzten nach waren beide zu »Opfern ihres Wagemutes«[97] geworden, als sie einen fahrenden Zug zwischen Klewan und Rowno am 30. August 1916 besonders tief attackierten und dabei durch feindliches Gewehrfeuer zu einer Notlandung gezwungen wurden[98].

Diese Beispiele von Handlungsschemata an der Ostfront zeugen von dem Bestreben einzelner Besatzungen, sich durch möglichst aufsehenerregende Aktionen von der Masse abheben zu können. Ähnliche Formen von Ehrgeiz waren sicherlich generell an allen Fronten zu beobachten, doch bestand wegen der geringen feindlichen Flugaktivität an der Ostfront im Grunde nur die Möglichkeit, sich durch riskante Angriffsaktionen auszuzeichnen und nicht wie an anderen Fronten durch prestigeträchtige Luftkämpfe. Die Häufung ähnlicher Berichte von zumeist jungen Fliegern im Zeitraum von Anfang 1916 bis zum Frühjahr 1917 ist zudem ein weiterer Hinweis dafür, dass die Flieger im Osten angesichts der zeitgleich immer mehr von der Propaganda entdeckten »Fliegerhelden«, die zu den »Hüter[n] des Schlachtfeldes«[99] stilisiert wurden, sich mehr Anerkennung ihrer zwar durchaus wirksamen, aber in der Regel nicht allzu spektakulären Aufklärungs-, Erdkampf-

94 Cossel, Feldflieger, S. 191; Hastings, The Making of a German Observer, S. 328; Schäfer, Vom Jäger zum Flieger, S. 68.

95 Nachrichtenblatt der Luftstreitkräfte, 1 (15.3.1917), 3, S. 2 f.; ebd., 1 (29.3.1917), 5, S. 3; ebd., 1 (6.9.1917), 28, S. 196; ebd., 1 (22.11.1917), 39, S. 403; ebd., 2 (8.3.1917), 2, S. 17.

96 Cossel, Sprengungen, S. 103–105; Cossel, Feldflieger, S. 193 f.; Kilduff, Germany's First Air Force, S. 59–61.

97 BayHStA, OP Personalakt 7411, Bericht über Gefangennahme.

98 Ebd.

99 BArch, RL 2 IV/295, Akten-Ordner Nr. 5: Deutsche Luftstreitkräfte (Weltkrieg), S. 3.

und Artilleriebeobachtungsflüge wünschten. Erst 1917 rückten »auf eigene Faust«[100] durchgeführte Aktionen angesichts der Intensivierung der Gefechte mit russischen Jagdfliegern und steigender Verluste auf beiden Seiten merklich in den Hintergrund.

Ab dem Sommer 1916 baten viele ambitionierte Piloten und Beobachter um Versetzung zu einer der Jagdstaffeln der Westfront. Auch Hauptmann Oswald Boelcke (1891–1916), zu diesem Zeitpunkt der wohl bekannteste noch lebende deutsche Jagdflieger, suchte bei einer Inspektionsreise an die quasi als »Brutstätte« für Fliegernachwuchs dienende Ostfront im August 1916 nach talentierten Piloten. Zu den ersten, die er zu sich in die Jasta 2 holte, gehörten von Richthofen und Böhme[101]. Der bereits erwähnte Erwin Schäfer erhielt später ebenfalls als Jagdflieger im Westen höchste Auszeichnungen und andere zuerst an der Ostfront eingesetzte Aufklärungsflieger, wie beispielsweise die beiden Vizefeldwebel Rudolf Windisch und Dietrich Averes oder Leutnant Otto Fruhner avancierten zu gefeierten Einsitzerpiloten. Zwar gab es auch an der Ostfront ab 1917 vermehrt Luftkämpfe, doch blieb der Luftkrieg über dieser Front von den damaligen Medien weitgehend unbeachtet, sodass die wenigen erfolgreichen Piloten im Osten nie große Aufmerksamkeit erregten[102].

Es soll dennoch nicht verschwiegen werden, dass die Leistungen der Jagdflieger an der Ostfront durchaus Würdigung von offizieller Seite erhielten, wie u.a. ein Tagesbefehl der Südarmee vom 28. Juni 1917 zeigt:

> »Es zeugt vom richtigen Kampfgeist, dass die vorzüglichen Leistungen des Führers der Kampfstaffel II, Leutnant Anslinger, der gleichfalls 7 Gegner zur Strecke gebracht hat, anfeuernd auf alle anderen Kampfflieger gewirkt haben; dieser Geist ist mir eine Gewähr dafür, dass sämtliche Flieger der Armee wie bisher so auch in den kommenden Tagen alles daran setzen werden, um auch ihrerseits zum Siege beizutragen. Ich spreche den Kampffliegern, insbesondere dem Leutnant Anslinger und Offz.-Stellv. Frickart für ihre hervorragenden, schneidigen Leistungen Dank und volle Anerkennung aus[103].«

Der schon mehrfach erwähnte Anslinger wurde mit mindestens 10 Abschüssen zum erfolgreichsten Jagdflieger der Mittelmächte im Osten. Nach dem Frieden von Brest-Litowsk diente er als Luftkampflehrer und später in der Heimatverteidigung bei der Kampfeinsitzerstaffel (KEST) 9 in Gonsenheim, konnte dort aber keine weiteren Luftsiege erringen[104]. Dem später zum Leutnant beförderten Wilhelm Frickart gelang es binnen weniger Tage fünf russische Ballons abzuschießen, was ihn zum einzigen deutschen »Ballonass« der Ostfront machte[105]. Ab März 1918 flog er bei der

---

100 Chomton, Soldat, S. 10.

101 Above the Lines, S. 21; Briefe eines deutschen Kampffliegers, S. 43–45; Richthofen, Der rote Kampfflieger, S. 67.

102 Above the Lines, S. 62, 109, 113, 180; Gutman, Ballon-Busting, S. 71 f.; Kilduff, Germany's First Air Force, S. 64; Koerber, Deutsche Kampfflieger, S. 6 f. Insgesamt konnten 359 deutsche Piloten fünf oder mehr Abschüsse vorweisen, siehe BArch, RL 2 IV/269, Abschusslisten deutscher Jagdflieger.

103 Nachrichtenblatt der Luftstreitkräfte, 1 (12.7.1917), 20, S. 72 f.

104 Penning, Sie flogen auf dem Großen Sand, S. 53.

105 Above the Lines, S. 109; Guttman, Balloon-Busting Aces, S. 71; O'Connor, Aviation Awards, S. 198.

FA 20 und der Jasta 65 an der Westfront, wo er hochdekoriert den Krieg mit zwölf Luftsiegen überlebte. Leutnant Hans-Martin Pippart schoss als Angehöriger des Jagdkommandos der FA (A) 220 im Sommer 1917 drei Ballons und drei russische Flugzeuge ab. Als Pilot der Jasta 19 fiel er am 11. August 1918 nach 22 Luftsiegen über der Westfront, nachdem sein Fallschirm sich nicht geöffnet hatte[106]. Der spätere Göttinger Professor Karl Gallwitz schoss als Leutnant im Nordabschnitt der Ostfront im Herbst 1917 fünf feindliche Fluggeräte ab. Ab Januar 1918 war er Pilot bei der renommierten Jasta 2 und erlebte das Kriegsende mit zehn Luftsiegen[107]. Trotz ihrer Leistungen im Osten wurden diese Flieger angesichts der scheinbar spektakuläreren Luftschlachten der Westfront kaum in der Bevölkerung wahrgenommen.

Ein weiteres Thema, das des Öfteren in den Aufzeichnungen von Fliegerbesatzungen der Ostfront zu finden ist, besteht in recht eigentümlich erscheinenden Gesten der »Ritterlichkeit« unter gegnerischen Fliegern. Dieses Motiv, das von der populärwissenschaftlichen Literatur bis heute bevorzugt als eine Art »ungeschriebenes Gesetz« für die Kämpfe zwischen deutschen und britischen Jagdfliegern immer wieder aufgegriffen wird, war in Teilen im Umgang der Flieger über Osteuropa zu finden. Gefallene Gegner, die auf fremdem Gebiet heruntergekommen waren, wurden in der Regel von der Gegenseite mit militärischen Ehren bestattet und Nachrichten über den Verbleib der Toten bzw. den Zustand von Gefangenen und Verwundeten über den anderen Linien abgeworfen[108]. Als eines von vielen Beispielen hierfür kann das Verhalten von Angehörigen der Flik 14 gelten, die im September 1917 die persönlichen Gegenstände des abgestürzten Offiziers A.P. Chudnovskij über dem Flugfeld seiner Einheit abwarfen, um dadurch ihren Respekt für den gefallenen Gegner zu bekunden[109]. Ähnlich verfuhren Angehörige der vierten Korpsfliegerabteilung nach dem Tod des deutschen Leutnants Martin Schön von der Jasta 81 am 14. Oktober 1917[110]. Als weiteres Zeichen gegenseitiger Verbundenheit kann die Tatsache gedeutet werden, dass mitunter tote Flieger beider Seiten auf Friedhöfen nebeneinander begraben wurden, wie auf zeitgenössischen Fotos zu sehen ist[111]. Hierbei wurde sogar darauf geachtet, die jeweiligen religiösen Motive, wie das orthodoxe bzw. das lateinische Kreuz, zu verwenden.

Mehrere überlebende abgeschossene deutsche und k.u.k. Flieger berichteten nach dem Krieg übereinstimmend davon, dass sie nach ihrer Gefangennahme von ihren Bezwingern oder ranghohen lokalen Kommandeuren zum Abendessen eingeladen oder im Lazarett besucht und von diesen überaus höflich und zuvorkommend be-

---

106 Above the Lines, S. 180; Dreißigacker, Der Mannheimer Flugpionier, S. 35; Guttman, Balloon-Busting Aces, S. 72.

107 Above the Lines, S. 113.

108 Blume, The Russian Military Air Fleet, Bd 2, S. 173, 248 f.; Igor Sikorsky, S. 134; Loewenstern, Der Frontflieger, S. 86; Schilling, Flieger an allen Fronten, S. 19; Schröder, Erlebter Krieg, S. 163; Sikorsky, The Story, S. 136; Volck, Die Wölfe, S. 13 f.; Wolff, Der Sieg, S. 158.

109 Blume, The Russian Military Air Fleet, Bd 2, S. 128.

110 Ebd., S. 147; The Jasta War Chronology, S. 107; Nachlass Dietrich Averes, Jagdstaffel Oberost, S. 3.

111 Blume, The Russian Military Air Fleet, Bd 2, S. 203, 250.

Leopold Anslinger stolz vor seinem Fokker Eindecker mit der markanten Bezeichnung »Sumpfhuhn«. Wie dieser Name zustande kam, ist leider nicht überliefert. (Mit freundlicher Genehmigung von Angelika Anslinger)

handelt wurden[112]. Volck gab das Verhältnis zu den gegnerischen Fliegern mit wenigen Worten prägnant wieder: »sie sind höflich, kollegial, geben uns zu essen[113].« Auch wenn derartige Gesten nicht quantifiziert werden können, zeugen sie doch von einer gegenseitigen Verbundenheit der Flieger, die Schröder 1916 kurz nach seinen ersten Einsätzen zu der Aussage verleitete »Dieses sportlich-kollegiale Gefühl von Fliegern zu Fliegern ist schön[114].« Bemerkenswert in diesem Kontext ist, dass derartige Gesten selbst nach der Intensivierung der Luftkämpfe ab dem Frühjahr 1917 weiter vorkamen. Bei Anslinger finden sich sogar Schilderungen des Mitleids gegenüber der Besatzung einer russischen Farman am 14. Februar 1916: »Der Gedanke, ob ich schiessen soll oder nicht, beherrschte mich tatsächlich einen Augenblick lang. Aber dann sagte ich mir, du bist Soldat undhast [sic!] mit der Waffe vorzugehen, wie und wann es auch nur sei[115].« Angesichts des in Flammen gehüllten Gegners schrieb er: »Dieser Anblick war für mich so schaurig und beeindruckte mich so sehr, dass ich am liebsten mit meiner Maschine an das brennende feindl. Flugzeug ganz

112 BArch, RL 2 IV/269, Alfred Heft. Dem Andenken seines Flugzeugführers im Felde von Oberleutnant d.R. a.D. Beyreuther; Duiven, Further Experiences, S. 98, 100; Hastings, The Making of a German Observer, S. 332; Nachrichtenblatt der Luftstreitkräfte, 1 (11.10.1917), 33, S. 295; Nachrichtenblatt der Luftstreitkräfte, 1 (31.1.1918), 49, S. 551; Schilling, Flieger an allen Fronten, S. 180 f.; Volck, Die Wölfe, S. 13 f.

113 Volck, Die Wölfe, S. 13.

114 Schröder, Erlebter Krieg, S. 163.

115 Anslinger, Aus meinem Fliegerleben, S. 118 f.

dicht herangeflogen wäre um den armen Teufel zu retten[116].« Darüber hinaus existierte laut Meindl z.B. ein inoffizielles Abkommen über das Verbot von Leuchtspur- und Phosphormunition, das bis ins Jahr 1917 hinein Gültigkeit hatte und auch in Quellen belegt ist[117]. Ausschließlich gegen Fesselballons durfte diese Munitionsart eingesetzt werden. In diesem Falle hatte die Besatzung vom Abteilungsführer unterzeichnete Papiere mitzuführen, die den geplanten Einsatz gegen Fesselballons legitimierten[118]. Dass diese Regelung durchaus ernst genommen wurde, zeigt der Bericht Beyreuthers, der wegen der anscheinend illegitimen Mitführung solcher Munition vor ein russisches Kriegsgericht gestellt und zu Zwangsarbeit verurteilt wurde[119].

Trotz all dieser »edel« anmutenden Gesten muss jedoch berücksichtigt werden, dass für »Ritterlichkeit« untereinander ausschließlich außerhalb der direkten Konfrontation Platz war. Die stattfindenden Luftkämpfe wurden auch im Osten mit wachsender Härte ausgetragen und angeschossene Gegner weiter beschossen, falls sie sich dem Gefecht durch Flucht zu entziehen versuchten. Die Verwendung von als Fesselballons getarnten Luftminen, die vornehmlich der Bekämpfung deutscher Jagdeinsitzer ab 1917 dienten, ist ebenfalls belegt[120]. Interessant ist zudem, dass »ritterliche« Handlungsschemata nur für fliegende Besatzungen untereinander galten, wohingegen feindliche Bodentruppen von diesem eigentümlichen »Ehrenkodex« ausgeschlossen waren. Neben der Distanz zum Töten, dem Eifer, sich auszuzeichnen und gewissen Verhaltensregeln unter Fliegern war die enge Verbundenheit der Besatzungen untereinander an der Ostfront stark verbreitet. Bei Flügen weit hinter den feindlichen Linien war die meist zweiköpfige Besatzung neben der Abhängigkeit von der Technik unbedingt auf die gegenseitige Unterstützung bei der Orientierung oder der Behebung kleinerer Pannen angewiesen[121]. Die kameradschaftlichen Bindungen der Piloten und Beobachter einer Abteilung waren durch die geringere Fluktuation im Osten von weitaus längerer Dauer als an der Westfront[122]. Auf diese Weise entstanden Freundschaften oft über Dienstgradgruppen hinweg. Dass diese enge Bindung in russischer Gefangenschaft fortdauern konnte, zeigt der Fall Beyreuthers und des Vizefeldwebels Alfred Heft, die am 4. Dezember 1916 in russische Gefangenschaft gerieten. Laut der Aussage Beyreuthers zeigte sich sein Pilot während des Prozesses solidarisch mit ihm und war bereit, die gleiche Strafe wie der Beobachter und Kommandant des Flugzeuges auf sich zu nehmen[123].

116 Ebd., S. 119.

117 Meindl, Luftsiege der k.u.k. Luftfahrtruppen, S. 53. Der Grund hierfür dürfte allerdings weniger in der Effektivität gegen Ballons, als vielmehr in der qualvollen Wirkung von Phosphormunition bei Treffern im menschlichen Körper zu suchen sein.

118 Chomton, Soldat, S. 19; Nachlass Dietrich Averes, Ballonabschuss, Bl. 2.

119 BArch, RL 2 IV/269, Alfred Heft. Dem Andenken seines Flugzeugführers im Felde von Oberleutnant d.R. a.D. Beyreuther.

120 Anslinger, Aus meinem Fliegerleben, S. 142; Blume, The Russian Military Air Fleet, Bd 2, S. 233; Bormann, Als Ballontöter im Osten, S. 122.

121 BArch, RL 2 IV/269, Alfred Heft. Dem Andenken seines Flugzeugführers im Felde von Oberleutnant d.R. a.D. Beyreuther.

122 BArch, RL 2 IV/266, Flieger bei Tannenberg, S. 3; Hublitz, Flieger-Erlebnisse, S. 45; Loewenstern, Der Frontflieger, S. 78.

123 BArch, RL 2 IV/269, Alfred Heft. Dem Andenken seines Flugzeugführers im Felde von Oberleutnant d.R. a.D. Beyreuther.

Abschließend betrachtet sind die in diesem Unterpunkt angeführten Ergebnisse durchaus dazu geeignet, anhand typischer Merkmale einen charakteristischen Habitus der Fliegerbesatzungen an der Ostfront zu skizzieren. Durch die im Vergleich zur Westfront nur geringe Anzahl an Verlusten in den eigenen Reihen entstand an der Ostfront trotz der häufigen Eingriffe in die Kämpfe am Boden eine gewisse Distanz zu Tod und Verwundung. Die Bekämpfung russischer Soldaten wurde so in Kombination mit diversen Vorurteilen gegenüber diesen vermeintlich »wilden, asiatischen Horden« zu einem regelrechten Wettkampf. Ähnliches gilt für das Bestreben, sich ab 1916 durch besonders gewagte Angriffsaktionen von der Masse abzusetzen, um wie die zeitgleich gefeierten »Fliegerhelden« der Westfront Aufmerksamkeit und Anerkennung zu erlangen. Ein weiteres Merkmal bestand neben der tiefen Verbundenheit der in den Weiten Osteuropas aufeinander angewiesenen Besatzungsmitglieder trotz der pauschalen Geringschätzung gegenüber Angehörigen der zarischen Armee als Soldaten im Motiv einer recht eigentümlichen »Ritterlichkeit« gegenüber besiegten Gegnern, auch wenn für diese im Kampf selbst kein Platz war.

VI. Die Ostfront als »Darstellungs- und Erinnerungsraum«

1. Die Nutzung in der Kriegspropaganda

Nachdem anhand zahlreicher Quellen und Aufzeichnungen die Anforderungen, Abläufe und Verhaltensweisen der deutschen Luftstreitkräfte in Osteuropa analysiert wurden, folgt in einem letzten Kapitel eine Analyse des Luftkrieges an der Ostfront als »Darstellungs- und Erinnerungsraum«, mit der die Untersuchung verschiedener Dimensionen des Faktors »Raum« abgeschlossen wird. Hierbei sollen in diesem Unterpunkt zunächst zwischen 1914 und 1918 erschienene Kriegsliteratur und Zeitungsberichte untersucht werden.

In den ersten beiden Kriegsjahren fanden Artikel über die Luftkriegführung an der Ostfront insbesondere in »ruhigeren« Phasen der Operationen gegen das Zarenreich regen Eingang in die Zeitungen des Kaiserreiches. Bestimmte Motive, die die russische Seite in einem sehr negativen Licht erscheinen ließen, wurden dabei immer wieder verwendet. Besonders anscheinend wahllos durchgeführte Bombenangriffe zarischer Flieger auf deutsche Städte im Hinterland der Front wurden regelmäßig als Verbrechen dargestellt. Opfer unter der Zivilbevölkerung, vor allem Frauen und Kinder oder gezielte Attacken auf Spielplätze oder durch das Rote Kreuz geschützte Einrichtungen fanden sich wiederholt in Zeitungsberichten[1]. Gleiches gilt für Angriffe russischer Flugzeuge mit deutschen Hoheitsabzeichen[2]. Die tatsächlichen Schäden blieben allerdings immer gering und nicht selten sollen sich russische Kriegsgefangene unter den Opfern der Bombenangriffe befunden haben. Deutsche Angriffe auf im Zarenreich gelegene Städte seien den Zeitungsberichten zufolge nur als Vergeltungsmaßnahmen für vorangegangene russische Aggressionen erfolgt[3].

Des Weiteren fanden sich aus heutiger Sicht beinahe lächerlich anmutende Artikel in der zeitgenössischen Zeitungspropaganda. So sollen russische Flugzeuge durch gezielte Bombenwürfe in der Luft vernichtet oder durch den bloßen Luftstrom zum Absturz gebracht worden sein:

> »Die russischen Flugzeuge verfolgten den österreichisch-ungarischen Flieger. Dieser warf Bomben auf die Verfolger. Eine russische Maschine wurde getroffen und fiel aus etwa

---

1 Kriegsbuch 1915, S. 85 f., 89, 91, 111.

2 Ebd., S. 85 f., 91. Derartige Geschichten hielten sich in den ersten Kriegsjahren auch in der Truppe hartnäckig. Es kursierten sogar Gerüchte von verdeckbaren Hoheitsabzeichen bei russischen Fliegern, siehe HStA Stuttgart, Generalkommando XIII. (Kgl. Württ.) Armeekorps, Stab Kriegsakten vom 1. bis 30.4.1915, Fernschreiben vom 14.4.1915.

3 Kriegsbuch 1915, S. 63, 86, 89, 161; Kriegsbuch 1916, S. 1, 24, 119.

1500 Meter Höhe zu Boden. Die Maschine wurde zertrümmert. Die zwei anderen russischen Flugzeuge gerieten in die Luftströmung und stürzten ab[4].«

Bemerkenswert ist hierbei, dass derartig unglaubliche Geschichten vor allem durch die k.u.k. Propaganda publiziert wurden, wie auch Veröffentlichungen aus Frontzeitungen zeigen: »Ueber der Strypafront erschien gestern ein feindliches Flugzeuggeschwader, von welchem 11 durch Artillerievolltreffer vernichtet, drei zur Notlandung hinter den feindlichen Linien gezwungen wurden[5].« Die massiv vom Deutschen Reich abhängigen Luftfahrtruppen der k.u.k. Monarchie sollten wohl zumindest in den Augen der Bevölkerung möglichst positiv erscheinen. Ab 1916 wurde der Luftkrieg an der Ostfront dann weitgehend aus der Berichterstattung verdrängt.

Erste Publikationen, in denen die neue Waffengattung der Luftstreitkräfte propagandistisch ausgenutzt wurde, erschienen bereits Ende des Jahres 1914. Der Journalist Kurt Mühsam beispielsweise veröffentlichte im Dezember 1914 »Unsere Flieger über Feindesland«[6], in dem die »herrlichen Ruhmestaten«[7] der Luftstreitkräfte verherrlicht werden sollten. Deren Aktivitäten im Osten wurden in diesem Buch nicht zuletzt wegen des Beitrags der Flieger zur nahezu mythisch überhöhten Schlacht bei Tannenberg ausführlich geschildert. Hierbei traten erneut bestimmte Motive in der Darstellung zutage, die sich auch bei späteren Veröffentlichungen wieder finden lassen. Neben der durchaus realitätsnahen Beschreibung der speziellen fliegerischen Bedingungen in Osteuropa mit den weiten Dimensionen des Kriegsschauplatzes und den klimatischen Widrigkeiten wurden die hervorragende Wirkung der eigenen Waffen und die technische Überlegenheit der deutschen Luftstreitkräfte trotz ihrer zahlenmäßigen Unterlegenheit immer wieder betont[8]. Weitere sich wiederholende Motive bestanden in der absoluten Verlässlichkeit der eigenen Maschinen, dem großen Improvisationsgeschick des Personals und dem stets vorhandenen, unbedingten Willen zur Auftragserfüllung auch unter Einsatz des eigenen Lebens[9]. Teile dieser Darstellungen entsprechen im Groben zwar der Realität, wurden jedoch durch die Intention der Autoren, die Moral der Leser zu stärken, mitunter stark überzogen aufbereitet. Andere Umstände, wie die gepriesene Zuverlässigkeit der Fluggeräte oder die präzise Waffenwirkung sind eher darin begründet, die eigenen Fliegertruppen als überlegen darzustellen[10].

In diese Kategorie dürfte auch die immer wiederkehrende Beschreibung der schon im Herbst 1914 hochdekorierten Besatzungen einzuordnen sein[11]. Zwar wur-

---

4 Kriegsbuch 1915, S. 74.

5 Die Wacht im Osten, 62, 31.1.1916.

6 Mühsam, Unsere Flieger.

7 Ebd., S. 5.

8 Der Luftkrieg 1914–1915, S. 36; Deutschland in der Luft voran!, S. 163; Heichen, Mit Zeppelin und Flugzeug, S. 81, 175; Koerber, Feldflieger, S. 87; Mühsam, Unsere Flieger, S. 91, 171; Requadt, Im Kriegsflugzeug, S. 71, 78; Vom Heldenkampf, S. 147.

9 Der Luftkrieg 1914–1915, S. 36; Heichen, Mit Zeppelin und Flugzeug, S. 81, 97, 175; Mühsam, Unsere Flieger, S. 171.

10 Heichen, Mit Zeppelin und Flugzeug, S. 179; Mühsam, Unsere Flieger, S. 16, 91; Requadt, Im Kriegsflugzeug, S. 51; Vom Heldenkampf, S. 147.

11 Deutschland in der Luft voran!, S. 161; Heichen, Mit Zeppelin und Flugzeug, S. 82, 87, 94; Vor der russischen Grenze, S. 977.

den Angehörige des fliegenden Personals durchaus oft ausgezeichnet, doch zeigen u.a. die Memoiren Schröders oder Averes, dass Orden keineswegs flächendeckend verliehen wurden[12]. Der Hebung der Moral diente wohl ebenso die durchweg geschönte Schilderung der k.u.k. Streitkräfte. Während diese in den Aufzeichnungen von Beteiligten des Öfteren mit einem gewissen Spott und sogar Häme bedacht wurden, beschrieben die Autoren der fiktiven Darstellungen die Bundesgenossen überaus positiv. In Darstellungen von Walter Heichen oder Kurt Mühsam wurde die Unterstützung der Verbündeten noch positiv interpretiert, denn es war den deutschen Luftstreitkräften bereits »einige Male vergönnt gewesen, unsere Bundesbrüder in wirkungsvoller Weise in ihrem Heldenkampfe zu unterstützen«[13]. Ähnlich ist die Schilderung der reibungslosen Zusammenarbeit innerhalb der Abteilungen und der Fliegerformationen untereinander einzuordnen, die der Realität keineswegs immer entsprach[14].

Beschreibungen der russischen Luft- wie Bodenstreitkräfte nehmen einen breiten Raum in der fiktiven Fliegerliteratur ein. Die Wahrnehmung der zarischen Soldaten zu Beginn des Krieges war überwiegend von pauschalisierenden Vorurteilen geprägt, die den Eindruck eines kulturell rückständigen und primitiven Volkes vermitteln und zugleich das Gefühl der eigenen Überlegenheit stärken sollten[15]. Immer wieder war von Kriegsverbrechen an deutschen Zivilisten und dem späteren rücksichtslosen Vorgehen gegen die eigene Bevölkerung im westlichen Zarenreich die Rede[16]. Als sich die Kampfhandlungen in den Folgejahren vornehmlich auf russischem Boden abspielten, verlagerte sich der Fokus der Darstellungen mehr auf die qualitative Überlegenheit der Streitkräfte der Mittelmächte gegen die zahlenmäßig überlegenen zarischen Armeen[17].

Bei der Einbindung des Luftkrieges in die Propaganda ergab sich anfangs das Problem, dass die scheinbar rückständigen Russen über einige hochmoderne Flugzeuge verfügten und z.B. mit den Bombern des Typs »Ilja Muromez« gelegentlich Angriffe auf Orte und Einrichtungen im Osten des Deutschen Reiches durchführten[18]. Die den russischen Soldaten zugeschriebenen negativen Eigenschaften übertrugen die Autoren tendenziöser Propagandadarstellungen trotzdem einfach als Stereotype auf die Angehörigen der Luftstreitkräfte. Diese ließen sich demnach leicht täuschen, wichen Luftkämpfen aus Feigheit bewusst aus oder konnten wegen plumper Vorgehensweisen und ihrer mangelnden Fähigkeiten relativ gefahrlos abgeschos-

[12] Nachlass Dietrich Averes, Bei Kriegsanfang, S. 7; Schröder, Erlebter Krieg, S. 214 f.
[13] Mühsam, Unsere Flieger, S. 79.
[14] Der Luftkrieg 1914–1915, S. 36; Heichen, Mit Zeppelin und Flugzeug, S. 82; Koerber, Feldflieger, S. 92; Mühsam, Unsere Flieger, S. 91; Der Luftkrieg, S. 32.
[15] Hoeres, Die Slawen, S. 182 f., 188; Horn, Im Osten nichts Neues, S. 219; Liulevicius, Kriegsland, S. 45.
[16] Heichen, Mit Zeppelin und Flugzeug, S. 81; Der Luftkrieg, S. 49; Vom Heldenkampf, S. 150 f., 156.
[17] Heichen, Mit Zeppelin und Flugzeug, S. 175, 229; Koerber, Feldflieger, S. 87; Requadt, Im Kriegsflugzeug, S. 71.
[18] Zudem sah der deutsche Generalstab die russischen Luftstreitkräfte noch im Mai 1914 durchaus leistungsfähig an und überschätzte sie in ihren Fähigkeiten anfänglich sogar, siehe BArch, PH 3/241, Das Luftfahrtwesen in der russischen Armee (Berlin, den 5.5.1914); Duz, Istorija, S. 17.

sen werden. Speziell die Bedeutung der auch gelegentlich über Ostpreußen operierenden »Ilja Muromez«-Bomber wurde systematisch heruntergespielt und zahlreiche Abschüsse fingiert[19]. Selbst bei nachweisbaren Ereignissen, wie dem bereits beschriebenen selbstmörderischen »Luftsieg« Nesterovs am 8. September 1914, wurden kurzerhand die Tatsachen verdreht und diese propagandistisch in Siege umgewandelt[20]. Tatsächlich fanden, wie zuvor erläutert, vor 1917 nur wenige Luftkämpfe statt, doch war dies weniger dem mangelnden russischen Kampfgeist als vielmehr der nur geringen Anzahl ihrer fronttauglichen und einsatzbereiten Maschinen zuzurechnen, welche nicht sinnlos in Kämpfen mit den technisch meist überlegenen deutschen Flugzeugen riskiert werden sollten. Dass die stattgefundenen Duelle an der Ostfront nicht von der deutschen Propagandamaschinerie aufgegriffen wurden, erscheint im Rückblick beinahe seltsam. Im Grunde entsprachen nämlich die Luftkämpfe der Ostfront, die oft tatsächlich nur von einzelnen Maschinen ausgetragen wurden, noch eher dem propagierten Bild des »ritterlichen und offenen Zweikampfes« als die taktisch hochkomplexen Geschwaderkämpfe der Westfront. Das Motiv der frontübergreifenden »Ritterlichkeit« unter Fliegern, der in privaten Aufzeichnungen und in fiktiven Aufarbeitungen des Luftkrieges der Westfront durchaus zu finden war, fehlte in den Publikationen zur Ostfront hingegen ganz.

Bei der propagandistischen Darstellung der Angehörigen der zarischen Luftstreitkräfte wurden auf diese von deutschen Autoren also im Grunde die gleichen stereotypen Eigenschaften übertragen, die sie vorher auf russische Soldaten im Allgemeinen projiziert hatten. Durch die bewusst negative Darstellung als technisch wie taktisch unterlegene Gegner sollte die eigene Überlegenheit in der Luft noch deutlicher werden, auch wenn diese Art der Darstellung nicht immer deckungsgleich mit der Dimension des Luftkrieges an der Ostfront als »Erfahrungsraum« war. Der Raum, der den Darstellungen des Luftkrieges an der Ostfront in den fiktiven Werken zugewiesen wurde, wurde jedoch ab 1916 schlagartig mit der steigenden Attraktivität der Luftschlachten im Westen für die Propaganda erheblich eingeschränkt, was dazu beigetragen haben dürfte, dass der Luftkrieg im Osten seitdem kaum mehr thematisiert wurde.

2. Darstellungen späterer Jahre

Im Gegensatz zu den Luftschlachten der Westfront, die bis heute Gegenstand von Literatur und Filmen sind, verschwand der Luftkrieg im Osten nach 1918 schlagartig aus dem öffentlichen Bewusstsein. Dementsprechend konnten neben den Erzählungen von Beteiligten nur wenige fiktive Werke gefunden werden, die sich mit diesen Ereignissen nach dem Ersten Weltkrieg befassen.

---

[19] Das fliegende Schwert, S. 100; Der Luftkrieg 1914–1915, S. 63, 79, 163; Deutschland in der Luft voran!, S. 162; Heichen, Mit Zeppelin und Flugzeug, S. 85 f., 172 f.; Mühsam, Unsere Flieger, S. 92, 170; Requadt, Im Kriegsflugzeug, S. 61, 98; Unsere Flieger im Kriege, S. 20; Vom Heldenkampf, S. 147 f., 170, 194; Wöstmann, »Schneid wird belohnt«, S. 266.

[20] Der Luftkrieg 1914–1915, S. 80; Vom Heldenkampf, S. 194.

Eines dieser Bücher war »Der Flieger im Osten. Eine Geschichte aus dem großen Krieg«[21] des Mittelalterhistorikers Alfred Beer, das im Januar 1933 erstmals erschien und 1935 erneut aufgelegt wurde. Der Autor erzählt darin die fiktive Geschichte des Schülers Hans Wolfstätt, der 1914 die Schrecken des russischen Einmarsches in Ostpreußen erlebt und 1917 schließlich als Unteroffizier und Pilot Einsätze an der Ostfront fliegt. Angelehnt an die historisch belegte Bahnsprengung Cossels plant er, bei einer Landung im russischen Hinterland durch die Sprengung einer bedeutenden Eisenbahnbrücke eine feindliche Offensive zu schwächen, was ihm auch gelingt[22]. Das kurz vor der Machtübernahme durch die Nationalsozialisten erschienene Buch geht trotz der zahlreichen Abenteuer des Protagonisten sehr kritisch mit dem Thema »Krieg« um, der sogar direkt als Unglück bezeichnet wird[23]. Die Bedrohung der deutschen Zivilbevölkerung durch russische Truppen und das vielfach als rücksichtslos geschilderte Vorgehen zarischer Kosaken bleiben hingegen immer nur Randerscheinungen[24]. Viel bedeutender ist die christliche Erziehung Wolfstätts, die anhand kritischer Reflexionen seines Handelns und in inneren Monologen immer wieder thematisiert wird[25]. Ungeachtet dessen ist der generelle Tenor von »Der Flieger im Osten« einem gerechtfertigten Krieg gegenüber durchaus aufgeschlossen, wobei die Handlung des Buches auch an jedem anderen Kriegsschauplatz als der Ostfront hätte spielen können.

Ein anderes untersuchtes Buch ist »Soldat in den Wolken«, das ebenfalls 1933 erschien und in dem der frühere Beobachter und spätere Luftwaffenoberst und Autor Werner Chomton seine eigenen Erfahrungen als Flieger an der West- wie Ostfront fiktiv verarbeitete. Der Autor diente nachweislich in der FA 4 an der Ost- wie Westfront und fand durch zwei Abschüsse Erwähnung im Nachrichtenblatt der Luftstreitkräfte[26]. Ähnlichkeiten des Werdeganges Chomtons mit der aus dem Flugzeugführer Leutnant Friesen und dem Beobachter Leutnant Berthold bestehenden Besatzung legen nahe, dass Chomton seine eigenen Erlebnisse verarbeitete. »Soldat in den Wolken« behandelt in den ersten sechs Kapiteln den Einsatz 1917 und 1918 im nördlichen Abschnitt der Ostfront und gibt vielfach die in anderen Quellen bestätigten Eindrücke des Einsatzes erstaunlich genau wieder.

Die Darstellung der Einsätze an der Ostfront ist deutlich von der öffentlichen Nichtbeachtung dieses Themas sowie einer gewissen Verbitterung über den Ausgang des Krieges geprägt, was u.a. im Bedauern des »alter egos« Leutnant Berthold zum Ausdruck kommt: »Zu seinem großen Ärger kommt er nicht an die Westfront, wohin er sich gemeldet hatte, sondern nach dem Osten[27].« Auch das schon herausgearbeitete Streben nach Anerkennung durch waghalsige Aktionen kommt an einer Stelle zum Ausdruck: »Sie sind sich einig, dass hier an der ruhigen Ostfront ›kein Betrieb‹ ist und man über den gewöhnlichen Aufgabenbereich hinaus auf eigene Faust seinen Privatkrieg

21 Beer, Der Flieger im Osten.
22 Ebd., S. 106–108.
23 Ebd., S. 69.
24 Ebd., S. 22, 37, 39.
25 Ebd., S. 76, 99, 105, 112.
26 Nachrichtenblatt der Luftstreitkräfte, 1 (15.11.1917), 38, S. 397; ebd., 2 (8.8.1918), 24, S. 364.
27 Chomton, Soldat, S. 9.

führen müsse[28].« Bemerkenswert ist die womöglich auf traumatischen Ereignissen basierende, deutlich lesbare Tendenz des Autors, die russischen Gegenspieler herabzuwürdigen. Hierbei verwendet Chomton im Gegensatz zu Beer sehr eindeutiges Vokabular. Als eine Flugzeugbesatzung in seinem Buch in der Gegend um Pskow Anfang 1918 nach einer Notlandung grausam ermordet wird, nimmt Chomton dies zum Anlass, russische Soldaten und Zivilisten als »halb Soldat, halb Mörder«[29] oder gar »Bestien«[30] zu diffamieren[31]. Auch von einer geplanten Vergeltungsaktion schreibt der Autor: »Die Wut und Empörung der Kameraden kennt keine Grenzen. Man will mit allen Maschinen zu dem Dorf, wo die furchtbare Tat geschah, hinfliegen, jede Maschine mit 100 Kilo Bomben und Brandmunition in den M.G., um an dem Ort blutig Rache zu nehmen[32].« Dieses Vorhaben sei dann aber von vorgesetzter Stelle unterbunden worden[33]. Dennoch ist im Folgenden vom »Land [...], in dem die Bestien hausen«[34] die Rede oder von der »Erbarmungslosigkeit und Gesetzlosigkeit«[35] des Gegners. Abseits von »Der Flieger im Osten« und »Soldat in den Wolken« konnten keine weiteren, nach 1918 erschienenen, rein fiktive Darstellungen des Luftkrieges der Ostfront im Ersten Weltkrieg gefunden werden.

Die Masse der in dieser Arbeit als Quellen verwendeten Berichte von beteiligten Personen erschien während der 1920er und 1930er Jahre. Interessanterweise konnte trotz der Machtübernahme durch die Nationalsozialisten keine signifikante Veränderung in der Darstellung z.B. der russischen Gegner beobachtet werden. Motive, wie die bereits behandelte »Ritterlichkeit« unter Fliegern beider Parteien oder die problematischen Einsatzbedingungen für die Luftstreitkräfte an der Ostfront finden sich sowohl in den während der Weimarer Republik als auch während des »Dritten Reiches« entstandenen Werken wieder[36]. Ebenso bestand eine Kontinuität hinsichtlich der eher unkritischen Haltung zum Krieg an sich, dessen Sinn lediglich Schröder in seinen 1934 in der Schweiz erschienenen Kriegserinnerungen hinterfragte[37]. Trotz der veränderten politischen Bedingungen im Deutschen Reich blieb die Darstellungsweise des Luftkrieges an der Ostfront im Ersten Weltkrieg daher im Wesentlichen bei allen Autoren identisch. Dieser Umstand dürfte vor allem dem nur geringen Interesse an dieser Thematik geschuldet sein, welches eine breite Ausnutzung für propagandistische Zwecke nicht lohnend erschienen ließ.

Der Luftkrieg an der Ostfront im Ersten Weltkrieg als »Erinnerungs- bzw. Darstellungsraum« traf nach dem Kriegsende 1918 nur auf sehr geringes Interesse, weshalb eine Verwendung dieser Thematik als Motiv in der Literatur nahezu nicht stattfand.

---

28 Ebd., S. 9 f.
29 Ebd., S. 33.
30 Ebd., S. 34.
31 Ebd.
32 Ebd.
33 Ebd.
34 Ebd., S. 35.
35 Ebd., S. 33 f.
36 Cossel, Feldflieger, S. 186; Hublitz, Flieger-Erlebnisse, S. 12, 46, 49; Loewenstern, Der Frontflieger, S. 47; Schilling, Flieger an allen Fronten, S. 21, 39, 180; Schröder, Erlebter Krieg, S. 183 f.
37 Schröder, Erlebter Krieg, S. 10.

VII. Schlussbetrachtung

»In zahlreichen, kaltblütig durchgeführten Luftkämpfen, die auch auf unserer Seite blutige Opfer forderten, bahnen sich täglich unsere Flieger ihren Weg zu ihren Erkundungsflügen; sie haben hierbei dem Feind erheblichen Schaden durch Abschuss von Flugzeugen und Ballonen sowie durch Bombenabwurf gegen wichtige militärische Anlagen beigebracht, unserer Führung aber und der Artillerie wertvolle Aufschlüsse über die feindliche Kräfteverteilung und brauchbare Unterlagen für die Bekämpfung wichtiger Ziele geliefert[1].«

Auch dieses Zitat würde, wie das Eingangszitat dieses Buches, zuerst auf die Luftschlachten der Westfront bezogen werden. Tatsächlich stammt es aus einem Tagesbefehl der Kaiserlich Deutschen Südarmee vom 7. Juni 1917 und richtete sich an die deutschen Fliegerabteilungen in Galizien. Insgesamt ist in den vorangegangenen Kapiteln deutlich geworden, dass Luftstreitkräfte im Kampf über dem Osten Europas im Ersten Weltkrieg ein essenzieller Teil der Kriegführung waren. Weniger in technischer als vielmehr in taktischer Hinsicht bot der Luftkrieg im Osten zudem erhebliches Innovationspotenzial im Rahmen des Eingreifens von Luftstreitkräften ins Kampfgeschehen unter den Bedingungen der Luftüberlegenheit.

Unter dem Aspekt der militärisch-operativen Dimension Osteuropas als »Raum« mussten sich die dort operierenden Luftstreitkräfte vielfältigsten geografischen Gegebenheiten anpassen, die weitläufige Ebenen, Wälder, Sümpfe oder die Gebirgskämme der Karpaten beinhalteten. Dies hatte auf die fliegerischen Anforderungen und die Orientierung große Auswirkungen, da im Zuge des Bewegungskrieges vielfach neue, unbekannte Gebiete über große Distanzen überflogen wurden, die oft arm an markanten Anhaltspunkten waren. Hinzu kamen klimatische Bedingungen, die sich durch ihre auftretenden Extreme erheblich von den Bedingungen der Westfront unterschieden und durch strenge Winter, heiße Sommer und verregnete Übergangsperioden in Frühling und Herbst gekennzeichnet waren. Diese Umstände ließen Flüge von Luftschiffen, Fesselballons oder Flugzeugen auf beiden Seiten der Front phasenweise nur unter erheblichem Aufwand möglich werden oder verhinderten sie ganz. Die militärisch-operative Dimension war außerdem von einer dürftigen Infrastruktur geprägt, die die Logistik erschwerte und die Versorgung mit Ersatzteilen, Betriebsstoffen oder Verpflegung und die immer wieder notwendigen Verlegungen zu echten Herausforderungen werden ließen. Zum Teil verzichteten die Nachschubkolonnen der Mittelmächte daher auf ihre LKW und griffen, wie die zarischen Luftstreitkräfte, auf Pferdefuhrwerke und zusätzliches

1 Nachrichtenblatt der Luftstreitkräfte, 1 (21.6.1917), 17, S. 35.

Nachschubpersonal zurück, die schließlich etatmäßig den Fliegerformationen entlang der Ostfront zugeteilt wurden.

Die bewegliche Kriegführung hatte ebenso Einfluss auf den Einsatz der Luftstreitkräfte und erforderte ein Höchstmaß an Mobilität, Flexibilität und Vielseitigkeit bei der Ausführung der Aufträge, die gelegentlich in enger Kooperation mit Einheiten der k.u.k. Armee erfolgen musste. Hinzu kamen die zahlenmäßige Unterlegenheit und das Bewusstsein, trotz zahlreicher militärischer Erfolge im Grunde immer an einem »Nebenkriegsschauplatz« eingesetzt zu sein. Die militärisch-operative Dimension der Ostfront brachte also mit Hinblick auf die nur sehr begrenzten Möglichkeiten der damaligen Luftkriegführung eher ungünstige Voraussetzungen mit sich. Dennoch gelang es den Luftstreitkräften durch Improvisationsgeschick und Einfallsreichtum in diesem Kampfgebiet eine ernstzunehmende Einsatzstärke zu erreichen. Der Umstand, dass die frühen Feldfliegerabteilungen in vielen Belangen de facto losgelöst von höheren Kommandobehörden auf sich allein gestellt waren, dürfte in diesem Fall Vorteile bei der schnellen und flexiblen Lösung von Problemen gebracht haben.

Aus diesen Bedingungen wurde eine taktische Dimension der Ostfront als »Raum« hergeleitet, die sich mit der konkreten Umsetzung der an die Luftstreitkräfte gestellten Anforderungen auseinandersetzte. Ausgehend von den nicht einmal 50 Luftfahrzeugen, die der 8. Armee bei Kriegsbeginn zur Verfügung standen, wurde die Anzahl der Fliegerformationen entlang der Ostfront stetig erhöht, sodass ab Ende 1915 mehr als 200 Maschinen des vielseitigen Typs C ständig verfügbar waren. Gegebenenfalls konnten diese noch durch Kräfte von anderen Fronten verstärkt werden. Unterstützung erhielten die Mehrzweckflugzeuge durch Luftschiffe, Fesselballons und einige Dutzend Jagdeinsitzer. Gelegentlich erfolgten Konzentrationen von 100 oder mehr Flugzeugen auf kleinstem Raum für größere Operationen, was die bisherige These der Abwesenheit größerer Luftkriegstätigkeiten an der Ostfront eindeutig widerlegt. Hinsichtlich der bislang in der Literatur vertretenen Annahme der benachteiligten Versorgung der Ostfront mit modernem Gerät für den Luftkrieg muss auf Grundlage der ausgewerteten Quellen ein differenzierteres Bild gezeichnet werden. Die Maschinen der C-Reihe, die das Rückgrat der Luftstreitkräfte im Osten bildeten, entsprachen zur gleichen Zeit an der Westfront eingesetzten Typen. Die beiden Riesenflugzeugabteilungen in Kurland dienten sogar der Einsatzerprobung der ersten mehrmotorigen deutschen Bomber und ihrer Weiterentwicklung. Lediglich im Falle der Flakeinheiten und der Jagdeinsitzer wurde über weite Strecken des Krieges veraltetes Material eingesetzt, was jedoch angesichts der bis 1917 nur geringen Bedrohungslage durch russische Flugzeuge keine dramatischen Folgen hatte.

Vor dem Hintergrund der überwiegend in deutschen Händen liegenden Lufthoheit an der Ostfront avancierte die Aufklärung in all ihren Facetten in taktischer Hinsicht zur Hauptaufgabe der Luftfahrzeuge. Durch ihre Schnelligkeit und Flexibilität konnten diese weitaus effizienter als Kavallerieeinheiten in den weitläufigen Kampfgebieten oder im russischen Hinterland Informationen sammeln. Eine andere bedeutende Aufgabe bestand in der Bekämpfung von Bodenzielen, wobei der Einsatz von Luftschiffen bedingt durch den hohen Aufwand und die sich verbessernde russische Flugabwehr immer mehr in den Hintergrund rückte. Deutsche und k.u.k. Flugzeuge hingegen beeinflussten als Bomber, bei der Infanterieunterstützung oder als fliegende Artilleriebeobachter an der Ostfront lange Zeit beinahe ungestört von feindlichen Fliegern die Kämpfe am Boden. Hierbei kamen den Luftstreitkräften die Besonderheiten der osteuropäischen Infrastruktur ausnahmsweise zugute, die es ermöglichten, durch Angriffe auf wenige relevante Punkte und Linien den Nachschub des Gegners zu blockieren. Ab 1916 spielten Tieffliegerangriffe bei der direkten Infanterieunterstützung eine ähnlich große Rolle wie die Aufklärung, wobei Erfahrungen gewonnen wurden, die im Rahmen der deutschen Frühjahrsoffensive 1918 selbst an der Westfront genutzt werden konnten. Die Bekämpfung gegnerischer Flugzeuge in der Luft war an der Ostfront im Gegensatz zu anderen Kampfgebieten nur von untergeordneter Bedeutung. Erst ab 1917 häuften sich Luftkämpfe über einzelnen Frontabschnitten, die zu einem vermehrten Einsatz von Jagdeinsitzern auf beiden Seiten führten.

Nachdem mit der militärisch-operativen und der taktischen Dimension die rein militärische Bedeutung des Luftkrieges an der Ostfront behandelt wurde, erfolgten Betrachtungen der Dimensionen des »Erfahrungsraumes« Luftkrieg an der Ostfront sowie des »Erinnerungs- bzw. Darstellungsraumes«. Zur Analyse des »Erfahrungsraumes« wurden vielfältigste persönliche Zeugnisse von Beteiligten auf deren Empfindungen, Ängste und Probleme hin untersucht und versucht, anhand bestimmter Handlungsweisen einen typischen Habitus der an der Ostfront eingesetzten Angehörigen der Luftstreitkräfte herauszuarbeiten. Hierbei wurde deutlich, dass sich das Gefühl der Anerkennung der eigenen militärischen Leistungen besonders nach der beginnenden Instrumentalisierung des Luftkrieges im Westen durch die Propaganda bei den längerfristig im Osten eingesetzten Besatzungen erheblich minderte. Umgekehrt wurde die Versetzung in den Osten von zuvor an der Westfront eingesetzten Fliegern durchaus geschätzt, da die dort auszuführenden Aufträge von vielfältigerer Natur als im Westen, aber weniger riskant waren. Ähnlich differenzierend waren die Eindrücke vom Einsatzgebiet Osteuropa abseits des militärischen Alltags. Die anfängliche Angst vor bzw. Skepsis gegenüber der lokalen Zivilbevölkerung wich nach persönlichen Begegnungen zusehends einem sich entwickelnden Mitgefühl, da die Flieger vielfach zu Zeugen von Flucht und Zerstörungen ganzer Landstriche wurden. Äußerst negativ fielen den Soldaten die im Vergleich zu Westeuropa überaus ärmlichen und unhygienischen Lebensbedingungen z.B. in Galizien oder Wolhynien auf, die mitunter durch den Ausbruch von Krankheiten unmittelbare Auswirkungen auf die Einsatzbereitschaft ganzer Fliegerformationen hatten.

Der eigentliche Luftkrieg im Osten brachte trotz der relativ geringen Verluste bei den deutschen Fliegerformationen ganz spezifische Ängste mit sich. Allgegenwärtig war bei den zahlreichen, weiten Flügen über feindliches Gebiet die Angst vor einem Absturz und vor allem vor der meist damit einhergehenden russischen Kriegsgefangenschaft, wie zahlreiche persönliche Zeugnisse eindrucksvoll belegen. Die nur wenigen Toten und Verwundeten in den Reihen der Flieger ließen Angriffe auf russische Bodentruppen, die in der Wahrnehmung vieler deutscher Soldaten ohnehin als nicht gleichwertig galten, eher zu einem vergnüglichen Zeitvertreib als zu Kämpfen auf Leben und Tod werden. Zugleich wurden ab 1916 vermehrt waghalsige Angriffsaktionen einzelner Besatzungen gestartet, mit denen diese sich von der Masse abheben und eine ähnliche Anerkennung wie die »Ritter der Lüfte« an der Westfront erlangen wollten. Außerdem spielte das Motiv eines etwas eigentümlichen »Ritterlichkeitsbegriffs« eine große Rolle in der charakteristischen Wahrnehmungs- und Verhaltenswelt deutscher Piloten und Beobachter an der Ostfront.

Der Dimension des »Erfahrungsraumes« folgte in einem letzten Kapitel schließlich die Dimension des »Darstellungs- und Propagandaraums«. Bei der propagandistischen Nutzung des Luftkrieges im Osten wurden die den russischen Bodentruppen zugeschriebenen negativen Eigenschaften im Wesentlichen auf die Angehörigen der zarischen Fliegertruppe übertragen, um die zu überlegenen Helden verklärten deutschen Besatzungen noch strahlender erscheinen zu lassen. Das Interesse der Autoren an den Ereignissen am Himmel über der Ostfront schwand im Zuge der steigenden »Attraktivität« der Westfront ab 1916 erheblich. Ähnlich verhielt es sich mit Darstellungen dieses Themas nach 1918, da bis auf wenige Ausnahmen keine literarische oder filmische Nutzung des Luftkrieges an der Ostfront gefunden werden konnte, wohingegen die Darstellung der »Jagdfliegerhelden« der Westfront in populärwissenschaftlichen Arbeiten, Romanen und Filmen bis heute anhält. Die Nutzung dieser Ereignisse in propagandistischer Hinsicht verblasste noch während des Ersten Weltkrieges und führte zu einem weitreichenden kollektiven Vergessen.

Zusammenfassend lässt sich festhalten, dass Luftstreitkräfte aller Art aufseiten der Mittelmächte von 1914 bis 1918 an allen bedeutsamen Operationen den Kommentaren ranghoher Militärs zufolge regen Anteil hatten[2]. Die Masse der entlang der Ostfront eingesetzten Fliegerformationen wurde nach Inkrafttreten des Waffenstillstandes am 15. Dezember 1917 an die Westfront verlegt, um dort an den letzten deutschen Offensiven ab dem April 1918 mitzuwirken. Zwar konnten einige Erfahrungen der Besatzungen aus dem Bewegungskrieg gegen Russland durchaus vorteilhaft an der Westfront genutzt werden, doch erlitten sie unter den vollkommen anderen Bedingungen im Westen durch alliierte Jagdflugzeuge oft hohe Verluste[3]. Die vormals zarischen Fliegertruppen hingegen waren gezwungen, im Zuge des weiteren Vormarsches der Mittelmächte bis zur Unterzeichnung des Friedensvertrages von Brest-Litowsk über 500 fronttaugliche Flugzeuge samt Ausrüstung auf den Feldflugplätzen zurückzulassen oder selbst zu zerstören[4].

Der wenige Tage nach der sogenannten Oktoberrevolution durch ein Komitee der Bolscheviki beschlossene Wiederaufbau eigener Luftstreitkräfte ging anfangs nur sehr schleppend voran, da zahlreiche Kommandeure, Offiziere und Ingenieure

2 Briefe eines deutschen Kampffliegers, S. 36; DiNardo, Breakthrough, S. 67, 139; Höppner, Deutschlands Krieg in der Luft, S. 15, Die Kriegführung im Herbst 1916, S. 374 f.; Nachrichtenblatt der Luftstreitkräfte, 1 (21.6.1917), 17, S. 35; ebd., 1 (9.8.1917), 24, S. 126; ebd., 1 (20.9.1917), 30, S. 235; Tschischwitz, Armee, S. 165.

3 Hoeppner, Deutschlands Krieg in der Luft, S. 125, 146; Nachlass Dietrich Averes, Im Westen, S. 1 f.; Norman, The Great Air War, S. 435.

4 Blume, The Russian Military Air Fleet, Bd 1, S. 287; Boyd, Soviet Air Force, S. 2; Kilmarx, A History of Soviet Air Power, S. 27; Nowarra/Duval, Russian Civil and Military Aircraft, S. 53.

der vormals zarischen Fliegertruppe hingerichtet oder geflohen waren, wodurch den vorrückenden Mittelmächten in der Luft zunächst nichts entgegengesetzt werden konnte[5]. Erst in den Folgejahren gelang der Aufbau eigener Luftstreitkräfte, die später als Teil der Roten Armee einen hohen Stellenwert erlangen sollten[6]. Deutsche Flugzeuge spielten im Osten vor allem noch bei der Unterstützung der ukrainischen Regierung unter Skoropadskij nach dem Abzug der Masse der Truppen der Mittelmächte eine Rolle. Neben der Einrichtung mehrerer Luftpostlinien wurden einige Riesenflugzeuge im Sommer 1919 als fliegende Geldkuriere verwendet, um das Regime Skoropadskijs mit insgesamt rund 3,5 Mio. Reichsmark an Finanzmitteln zu versorgen, da der Landweg hierfür nicht sicher genug erschien[7]. Zusätzlich verblieben einige Fliegerabteilungen in der Ukraine, um die »Freiwilligen-Armee« Skoropadskijs durch Luftaufklärung zu unterstützen.

Ergänzend bleibt anzumerken, dass zahlreiche Erfahrungen mit Osteuropa als »Raum« für die Luftkriegführung über 20 Jahre später von der 1935 gegründeten Luftwaffe der Wehrmacht im Zuge des Unternehmens »Barbarossa« erneut gemacht wurden. Wieder traten ähnliche Probleme vorwiegend mit den infrastrukturellen und klimatischen Gegebenheiten auf, mit denen zuvor die Angehörigen der Luftstreitkräfte der Mittelmächte im Ersten Weltkrieg zu tun gehabt hatten, deren Erfahrungen jedoch aus dem kollektiven wie militärischen Gedächtnis verschwunden waren[8]. Zugleich wurde die Ostfront für die dort eingesetzten Besatzungen erneut zu einem ganz eigenen »Erfahrungsraum« mit spezifischen Ängsten, Empfindungen und Taktiken, wobei nun zusätzlich zunehmend stärkeren gegnerischen Luftstreitkräften begegnet werden musste.

5 Boyd, The Soviet Air Force, S. 2; Chant, Illustrated History, S. 187; Riaboff, Gatchina Days, S. 82; Kilmarx, A History of Soviet Air Power, S. 26 f., 36; Nowarra/Duval, Russian Civil and Military Aircraft, S. 53.

6 Hardesty, Aeronautics, S. 42; Whiting, Soviet Air Power, S. 5.

7 Haddow/Grosz, The German Giants, S. 49; Nachrichtenblatt der Luftstreitkräfte, 2 (28.3.1918), 5, S. 65.

8 Kurowski, Balkenkreuz, S. 73, 182 f.; Liulevicius, Kriegsland, S. 24.

Quellen- und Literatur

1. Quellen

Bayerisches Hauptstaatsarchiv, Abt. IV: Kriegsarchiv (BayHStA), München

11. bay. Infanterie-Division, Bd 13, Akt 4: Armeebefehl vom 27.4.1915
11. bay. Infanterie-Division, Bd 19, Akt 1: Feindeslage 3.9.1916
11. bay. Infanterie-Division, Bd 19, Akt 3: Betreff: Feindliche Artilleriestellungen
11. bay. Infanterie-Division, Bd 13, Akt 5: Divisionsbefehl vom 26.7.1916
ILuft 36/13, Kriegsgliederung und Kräfteverteilung der russischen Fliefgertruppe [sic!] nach dem Stande vom 15.4.1917*
ILuft 89, Kriegsgliederung der feindlichen Luftstreitkräfte an der West- Ost- und Südost-Front*
MKr 1404, Stärkenachweisung einer Flieger-Abteilung (a. Westen, a. und b. Osten)
MKr 1404, Betreff: Fliegerwesen
MKr 1406, Stärkenachweisung für eine Fliegerabteilung (A) ohne F.T.-Wechselverkehr
OP Personalakt 7411

Bundesarchiv-Militärarchiv (BArch), Freiburg i.Br.

MSG 2/1138	Fliegermeldungen der Feld-Fliegerabteilung 31
PH 3/128	Großer Generalstab. Mitteilungen über russische Taktik
PH 3/241	Das Luftfahrtwesen in der russischen Armee (Berlin, den 5. Mai 1914)
PH 5 I/17	Abschriften aus dem Kriegstagebuch des Oberkommandos der Heeresgruppe Mackensen aus der Zeit vom 11. bis 25. Oktober 16, 2. Ausfertigung
PH 5 I/59	Auszug aus dem KTB der Heeresgruppe Mackensen für die Zeit vom 28.8.1916 bis 31.10.1916, 17 Blatt
PH 5 I/82	Heeresgruppe Linsingen, Armeebefehle aus den Jahren 1916 und 1917
PH 5 II/77	Luft- und Erdbilder der russischen Stellungen im Rigaer und Jakobstädter Brückenkopf. Herbst 1917
PH 5 II/265	Übungen zur Verbindung zwischen Infanterie und Fliegern bei der kaiserl. deutschen Südarmee
PH 5 II/279	Abschrift des Kriegstagebuches der 9. Armee, 19.9.–31.12.1914

* Diese Signaturen stammen aus dem Jahre 1990. Die aktuelle Signatur konnte nicht mehr ermittelt werden.

PH 5 II/281 Abschrift des Kriegstagebuches der 9. Armee, 5.1.–23.4.15
PH 5 II/282 Abschrift des Kriegstagebuches der 9. Armee, 24.4.–30.6.15
PH 5 II/283 Abschrift des Kriegstagebuches der 9. Armee vom 1.7.–4.8.1915 und der Heeresgruppe Prinz Leopold von Bayern vom 5.8.–31.8.1915
PH 5 II/336 Befehle und Akten der Kaiserlich-Deutschen Südarmee 1916
PH 5 II/353 Vortrag gehalten am 18.5.1918 vor Seiner Königlichen Hoheit dem Oberbefehlshaber Oberost
PH 5 II/490 Akten des Ballon-Abwehr-Kanonen-Zugs I, Feld-Art.-Reg. 47
PH 9 XI/3 Berichte des Kampfgeschwader 1 d. O.H.L. und der Brieftaubenabteilung O., Dezember 1915 bis März 1916
PH 9 XV/7 Verluste der deutschen Fliegertruppen (einschl. bayer. Fliegerverbände) vom 2.8.1914 bis 11.11.1918
PH 9 XV/9 Vortrag des Inspekteurs der Fliegertruppen vom Juni 1917
PH 17 I/10 Bericht über RFA 500 und 501
PH 17 I/84 Protokoll ueber die Besprechungen beim Feldflugchef am 6.8.1915
PH 17 I/91 Erfahrungen im Gebrauch von FT-Geräten, 3.8.1915
PH 17 I/111 Anleitung für den Beobachtungsoffizier im Flugzeug (A.B.O.). Genehmigt durch Verfügung des Chefs des Generalstabes des Feldheeres vom 4.8.16, Berlin 1916
PH 19/27 Fliegermeldungen der FA (A) 214 (Juni–Dez. 1916)
PH 19/118 Brieftaubenabteilung Ostende
RL 2 IV/266 Ernst Rademacher: Flieger bei Tannenberg
RL 2 IV/269 Abschusslisten deutscher Jagdflieger; Alfred Heft. Dem Andenken seines Flugzeugführers im Felde von Oberleutnant d.R. a.D. Beyreuther
RL 2 IV/273 Die deutschen Luftstreitkräfte im Weltkrieg (Kürzester Überblick)
RL 2 IV/284 Die Luftwaffe während des Feldzuges in Polen im Herbst 1914 (September bis Dezember 1914)
RL 2 IV/287 Die Schlacht an den Masurischen Seen mit anschließender Verfolgung
RL 2 IV/295 Akten-Ordner Nr. 5: Deutsche Luftstreitkräfte (Weltkrieg)
RM 114/18 Kriegstagebuch der 37. Feld-Flieger-Abtlg. vom 18.9.15 bis 1.4.16, Bd 1
RM 114/19 Kriegstagebuch der 37. Feld-Flieger-Abtlg. vom 18.9.15 bis 1.4.16, Bd 2

Deutsches Technikmuseum (DTMB), Berlin

NL 151 Nachlass Ernst Eberstein

Hauptstaatsarchiv (HStA), Stuttgart

M 1/11 Bü 397 Königsberichte: XIII. Armeekorps an der Ostfront; mit 30 Luftbildern und 1 Karte / 1915

M 1/11 Bü 398 Königsberichte: XIII. Armeekorps an der Ostfront; mit Verlustliste und verschiedenen Tagesbefehlen / 1915
M 1/11 Bü 564 Königsberichte. Württ. Artillerie-Flieger-Abteilung 242. Einsatz Ostfront, 10.9.1916 bis 8.11.1918
M 33/2 Generalkommando XIII. (Kgl. Württ.) Armeekorps, Stab Kriegsakten vom 1. bis 30.4.1915

Stanford University Archives, Stanford, CA

Nachrichtenblatt der Luftstreitkräfte,
1 (1.3.1917–21.2.1918), 1–52;
2 (28.2.1918–31.10.1918), 1–36

The University of Texas at Dallas (UTD)

Ed Ferko Collection, The History of Aviation Collection, Special Collections Department, McDermott Library

Box 9, Folder 24	Jasta 81 Files
Box 31, Folder 4	German Research Notes
Box 60, Folder 2	German Air Force Organization
Box 509, Folder 2	List of German Aircraft Shot Down in East and who Shot Down Whom, German Aircraft Captured by Russians

Privatbestände

Anslinger, Leopold, Aus meinem Fliegerleben, o.O. o.J. (mit freundlicher Genehmigung von Frau Angelika Anslinger)
Nachlass Dietrich Averes (mit freundlicher Genehmigung von Herrn Evert Averes)

2. Literatur

Above the Lines. The Aces and Fighter Units of the German Air Service, Naval Air Service and Flanders Marine Corps 1914–1918. Ed. by Norman L.R. Franks, Frank W. Bailey and Russel Guest, London 1993

Aleksandrov, Andrew and Gennadi Petrov, Captured Central Powers' Aeroplanes in Russian and Red Service 1914–1920, Part 1. In: Royal Air Force Review, 12 (1957), S. 5–11; Part 2. In: Royal Air Force Review, 13 (1957), S. 7–14

Alexander von Russland, Einst war ich ein Grossfürst, 25. Aufl., Leipzig 1937

Arndt, Hans, Die Fliegerwaffe. Geschichtlich und taktisch. In: Der Stellungskrieg 1914–1918 auf Grund amtlicher Quellen und unter Mitwirkung namhafter Fachmänner technisch, taktisch und staatswissenschaftlich dargestellt. Hrsg. von Friedrich Seeßelberg, Berlin 1926, S. 310–369

Arndt, Hans, Der Luftkrieg. In: Der große Krieg 1914–1918 in zehn Bänden, Bd 4. Hrsg. von M[ax] Schwarte, Leipzig [u.a.] 1922, S. 529–651

Arnecke, R., Am Stochod und Styr. In: Das Fliegerbuch, S. 135–149

Barrett, William Edmund, The First War Planes, New York 1960

Baur, Fritz, Wir Flieger 1914–1918. Der Krieg im Fliegerlichtbild, 2. Aufl., Wien 1936

Beer, Alfred, Der Flieger im Osten. Eine Geschichte aus dem großen Krieg, 2. Aufl., Freiburg 1935

Bickers, Richard Townshend, The First Great Air War, London [u.a.] 1988

Bischoff, Martin, Im Osten gestrandet. In: Flieger am Feind, S. 123–127

Bismarck, Armin von, Kriegstheater. In: Das Fliegerbuch, S. 9–39

Blume, August G., Air War East. Bombing and Reconnaissance on the Russian Front. In: Over the Front. Journal of the League of World War I Aviation Historians, 11 (1996), 2, S. 132–154

Blume, August G., The Russian Military Air Fleet in World War I., vol. 1: A Chronology 1910–1917; vol. 2: Victories, Losses, St. George Awards, Romanian and French Awards, Atglen, PA 2010

Bormann, Wilhelm, Als Ballontöter im Osten. In: In der Luft unbesiegt, S. 119–128

Borreiter, Ansbert, Die Entwicklung des Flugwesens. In: Unsere Luftwaffe, S. 5–21

Bourdieu, Pierre, Die feinen Unterschiede. Kritik der gesellschaftlichen Urteilskraft, 8. Aufl., Frankfurt a.M. 1996

Boyd, Alexander, The Soviet Air Force Since 1918, London 1977

Briefe eines deutschen Kampffliegers an ein junges Mädchen. Hrsg. von Johannes Werner, 2. Aufl., Leipzig 1930

Bülow, Hilmer von, Geschichte der Luftwaffe. Eine kurze Darstellung der Entwicklung der fünften Waffe mit einem Geleitwort des Reichsluftfahrtministers Hermann Göring, Frankfurt a.M. 1934

Cain, Claude W., Flying for the Czar. Alexander Riaboff and the Imperial Russian Air Service. In: Cross & Cockade Journal. The Society of World War I Aero Historians, 11 (1970), 4, S. 305–332

Campbell, Christopher, Aces and Aircraft of World War I, Poole 1981

Carganico, Victor, Mit der B.A.O. im Vormarsch durch Galizien. In: Unsere Luftstreitkräfte 1914–1918. Ein Denkmal deutschen Heldentums, hrsg. von Walter von Eberhardt, Berlin 1930, S. 371–380

Casualties of the German Air Service 1914–1920. As Complete a List Possible Arranged Alphabetically and Chronologically. Ed. by Norman L.R. Franks, Frank Bailey and Rick Duiven, London 1999

Chant, Christopher, The Illustrated History of the Air Forces of World War I & World War II, London [u.a.] 1979

Chomton, Werner, Soldat in den Wolken. Mit Zeichnungen und vielen Originalaufnahmen des Verfassers, Stuttgart 1933

Christiansen, Friederich Christian, Seeflieger über allen Meeren. Bearb. nach Originalberichten unserer Kriegs- und Friedensseeflieger, Berlin 1934

Christopher, John, Balloons at War. Gasbags, Flying Bombs & Cold War Secrets, Stroud 2004

Cooper, Bryan, The Story of the Bomber 1914–1945, London 1974

Cornish, Nik, The Russian Army 1914–1918, Oxford 2001

Cossel, Maximilian von, Feldflieger im Osten. In: Unsere Luftstreitkräfte 1914–1918, S. 185–194

Cossel, Maximilian von, Sprengungen hinter der Feindfront. Eine Bahnunterbrechung im Rücken der Russen (2./3. Oktober 1916). In: In der Luft unbesiegt, S. 101–106

Coupar, Anne Robertson, The Smirnoff Story, London 1960

Cuneo, John R., Winged Mars, vol. 2: The Air Weapon 1914–1916, Harrisburg, PA 1947

Daenbruch, O., Unsere Luftstreitkräfte im Weltkrieg. Ihr Wesen und ihre Entwicklung in drei Kriegsjahren, Berlin [1918]

Delear, Frank J., Igor Sikorsky. His Three Careers in Aviation, New York 1969

Desoye, Reinhard, Die k.u.k. Luftfahrtruppe. Die Entstehung, der Aufbau und die Organisation der österreichisch-ungarischen Heeresluftwaffe 1912–1918, 2 Bde, 2. Aufl., Wien 1999

Die deutschen Luftstreitkräfte von ihrer Entstehung bis zum Ende des Weltkrieges 1918. Die Militärluftfahrt bis zum Beginn des Weltkrieges 1914, Text-Bd. Hrsg. von der Kriegswissenschaftlichen Abteilung der Luftwaffe, Berlin 1941

Deutschland in der Luft voran! Fliegerbriefe aus Feindesland. Hrsg. von Hanns Floerke und Georg Gärtner, 2. Aufl., München 1915

DiNardo, Richard, Breakthrough. The Gorlice-Tarnów Campaign, 1915, Santa Barbara, CA [u.a.] 2010

Dominik, Hans, Unsere Luftflotten und Flieger. Ihre Bedeutung und Verwendung, Leipzig 1915

Dreißigacker, Angelika, Der Mannheimer Flugpionier Hans Pippart. In: Geschichte der Stadt Mannheim, Bd 3: 1914–2007. Hrsg. von Ulrich Nieß und Michael Caroli, Heidelberg [u.a.] 2009, S. 34 f.

Duiven, Richard, Further Experiences of Theobald von Zastrow. Leutnant, Flieger Abteilung 31. In: Cross & Cockade Journal. The Society of World War I Aero Historians, 14 (1973), 2, S. 97–123

Durkota, Alan, Thomas Darcey and Viktor Kulikov, The Imperial Russian Air Service. Famous Pilots & Aircraft of World War One, Mountain View, CA 1995

Duz, Pjotr Dmitrievič, Istorija vozduchoplavanija i aviacii v SSSR. Period pervoj mirovoj vojny (1914–1918 gg.) [Die Geschichte der Luftfahrt und der Flugzeuge in der UdSSR. Der Zeitraum des Ersten Weltkrieges (1914–1918)], Moskva 1960

Ehinger, Gustav, Luftkampf im Osten. In: Flieger am Feind, S. 246 f.

Eisenlohr, Roland, Flugwesen und Flugzeugindustrie der kriegführenden Staaten, Stuttgart [u.a.] 1915

Erblich, Heinz, Die Landflugzeuge unserer Kriegsgegner, Berlin 1919

Die Feldpost der Fliegertruppe und der Heimat im Ersten Weltkrieg. 1914–1918. Hrsg. von Horst Borlinghaus, Jülich [2000]

Ferko, A. Ed., Fliegertruppe 1914–1918, Salem, OH 1980
Das fliegende Schwert. Wesen, Bedeutung und Taten der deutschen Luftflotte in Wort und Bild. Hrsg.: Deutscher Luftflotten-Verein, Oldenburg 1917
Flieger am Feind. Einundsiebzig deutsche Luftfahrer erzählen. Hrsg. von Werner von Langsdorff, Gütersloh 1934
Das Fliegerbuch. Flugabenteuer an allen Fronten. Mit Beiträgen von Oberleutnant Armin von Bismarck, Oberleutnant Gievertis, Leutnant Jaeschke und anderen Fliegeroffizieren. Hrsg. von Armin von Bismarck [u.a.], Berlin, Wien 1918
Fritz. The World War I Memoirs of a German Lieutenant. By Fritz Nagel. Ed. by Richard A. Baumgartner, Huntington, WV 1981
Gaißert, Viktor, Mit L.Z. 79 in Ost und West. In: In der Luft unbesiegt, S. 237–256
Gilg, Hermann, Nimm aufwärts den Flug! Zum Gedächtnis unseres einzigen Sohnes Hans Gilg stud. ing. Gefallen als Fliegerleutnant d. Res. und Flugzeugführer bei der Feld-Fliegerabteilung im Osten am 19. Oktober 1916, Heidelberg 1916
Gorlice. Hrsg. vom Reichsarchiv, Oldenburg i.O. [u.a.] 1930 (= Schlachten des Weltkrieges, 30)
Gorlice – Tarnow. Unter Benutzung amtlicher Quellen bearb. von Leonhard von Trach, Oldenburg 1918 (= Der große Krieg in Einzeldarstellungen, 21)
Gray, Peter Lawrence and Owen Thetford, German Aircraft of the First World War, London 1962
Griehl, Manfred and Joachim Dressel, Zeppelin! The German Airship Story, London 1990
Groehler, Olaf, Geschichte des Luftkriegs 1910 bis 1980, Berlin (Ost) 1981
Grosz, Peter M., George W. Haddow and Peter Schiemer, Austro-Hungarian Army Aircraft of World War One, Mountain View, CA 1993
Grosz, Peter M., Russische Schneekufen. In: World War I Aero, 1993, 140, S. 56–60
Groß, Gerhard P., Der »Raum« als operationsgeschichtliche Kategorie im Zeitalter der Weltkriege. In: Perspektiven der Militärgeschichte, S. 115–140
Der große Krieg 1914–1918 in zehn Bdn. Hrsg. von M[ax] Schwarte, Leipzig [u.a.] 1921–1933
Gurko, Wassili, Russland 1914–1917. Erinnerungen an Krieg und Revolution, Berlin 1921
Guttman, Jon, Balloon-Busting Aces of World War 1, Oxford [u.a.] 2005
Haddow, George W. and Peter M. Grosz, The German Giants. The Story of the R-Planes 1914–1919, London 1962
Haenelt [sic!], Wilhelm, Über den Stand unserer Fliegertruppe und den Einfluß, den Amerika durch seinen Eintritt in den Krieg auf diesem Gebiet ausüben kann, Berlin 1917
Hallström, Peter, Heimkehr mit totem Führer. In: Flieger am Feind, S. 177–179
Hardesty, Von, Aeronautics Comes to Russia. The Early Years, 1908–1918. In: National Air and Space Museum Research Report, 1985, S. 23–44
Hastings, Don, The Making of a German Observer. In: Cross & Cockade Journal. The Society of World War I Aero Historians, 4 (1963), 2, S. 325–332

Hauke, Erwin, Walter Schroeder und Bernhard Tötschinger, Die Flugzeuge der k.u.k. Luftfahrtruppe und Seeflieger 1914–1918, Graz 1988

Hedin, Sven, Nach Osten!, Leipzig 1916

Heichen, Walter, Mit Zeppelin und Flugzeug. Der Krieg in den Lüften 1914–1915. Eine zeitgeschichtliche Erzählung von Walter Heichen, Berlin 1915

Hindenburg, Paul von, Aus meinem Leben, Leipzig 1925

Hoeppner, Ernst von, Deutschlands Krieg in der Luft. Ein Rückblick auf die Entwicklung und die Leistungen unserer Heeres-Luftstreitkräfte im Weltkriege, 5. Aufl., Leipzig 1936

Hoeres, Peter, Die Slawen. Perzeptionen des Kriegsgegners bei den Mittelmächten. Selbst- und Feindbild. In: Die vergessene Front, S. 179–200

Horn, Eva, Im Osten nichts Neues. Deutsche Literatur und die Ostfront des Ersten Weltkriegs. In: Die vergessene Front, S. 217–230

Hublitz, Friedrich-Karl, Flieger-Erlebnisse und Flugergebnisse im Weltkriege, Berlin 1935

Igor Sikorsky. The Russian Years. Ed. by Konstantin N. Finne, Carl J. Bobrow and Von Hardesty, Shrewsbury 1987 (Übers. des russ. Orig. von 1930)

Imrie, Alex, Pictorial History of the German Army Air Service 1914–1918, London 1971

In der Luft unbesiegt. Erlebnisse im Weltkrieg erzählt von Luftkämpfern. Hrsg. von Georg Paul Neumann, München 1923

The Jasta War Chronology. A Complete List of Claims and Losses, August 1916–November 1918. Ed. by Norman L.R. Franks, Frank Bailey and Rick Duiven, London 1998

Joachimczyk, Alfred Marcel, Der Krieg in der Luft, Berlin 1914

Jones, David R., The Birth of the Russian Air Weapon 1909–1914. In: Aerospace Historian, 21 (1974), S. 169–181

Kehrt, Christian, Heldenbilder und Kriegserfahrung. Zum Habitus deutscher Militärpiloten im Zeitalter der Weltkriege. In: Perspektiven der Militärgeschichte, S. 223–237

Kehrt, Christian, Moderne Krieger. Die Technikerfahrungen deutscher Militärpiloten 1910–1945, Paderborn [u.a.] 2010

Keimel, Reinhard, Österreichs Luftfahrzeuge. Geschichte der Luftfahrt von den Anfängen bis Ende 1918, Graz 1981

Kennett, Lee, The First Air War 1914–1918, New York [u.a.] 1991

Kens, Karlheinz und Hanns Müller, Die Flugzeuge des Ersten Weltkriegs 1914–1918. Eine Flugzeugtypen-Sammlung, München 1966

Kilduff, Peter, Bomber Observer Oskar Kuppinger. In: Cross & Cockade Journal. The Society of World War I Aero Historians, 19 (1978), 2, S. 112–128

Kilduff, Peter, From Russia with Victory. The History of the Royal Württemberg Flieger-Abteilung (A) 242. In: Over the Front. Journal of the League of World War I Aviation Historians, 21 (2006), 2, S. 162–187

Kilduff, Peter, Germany's First Air Force 1914–1918, London 1991

Killinger, Erich, Flucht um die Erde. Abenteuer des Ostseefliegers im Weltkrieg, Berlin 1934

Kilmarx, Robert A., A History of Soviet Air Power, London 1962

Kilmarx, Robert A., The Russian Imperial Air Forces of World War I. In: Airpower Historian, 10 (1963), 3, S. 90–95

Koerber, Adolf-Victor von, Deutsche Kampfflieger, Bielefeld [u.a.] (1917)

Koerber, Adolf-Victor von, Feldflieger an der Front, 2. Aufl., Leipzig 1916

Koerber, Adolf-Victor von, Das fliegende Heer. Von den Fliegern von Tannenberg bis zu den Luftschlachten des letzten Kriegsjahres, Leipzig 1937

Koselleck, Reinhart, Zeitschichten. Studien zur Historik, Frankfurt a.M. 2000

Die Kriegführung im Frühjahr 1917. Mit 31 Beil., davon 26 Kt. und Skizzen. Hrsg. vom Reichsarchiv, Berlin 1939 (= Der Weltkrieg 1914 bis 1918, 12)

Die Kriegführung im Herbst 1916 und im Winter 1916/17. Vom Wechsel in der Obersten Heeresleitung bis zum Entschluß zum Rückzug in die Siegfried-Stellung. Mit 37 Kt. und Skizzen. Hrsg. vom Reichsarchiv, Berlin 1938 (= Der Weltkrieg 1914 bis 1918, 11)

Kriegsbuch 1915. Die Geschichte des Weltkriegs bis zum Fall der Festungen Warschau und Iwangorod. Vom Stellungskrieg im Westen, vor den Dardanellen, gegen Italien, zur See und in der Luft. Hrsg. von Fritz Hellermann, Königsberg 1915

Kriegsbuch 1916. Die Geschichte des Weltkriegs von der Eroberung Russisch-Polens bis zum freien Königreich Polen. Serbien und Montenegro unterworfen. Verdun und Somme. Wolhynien. Tirol. Rumänienkrieg: Dobruschka, Siebenbürgen. See, Untersee- und Luftkrieg. Ferne Fronten. Hrsg. von Fritz Hellermann, Königsberg 1916

Kroener, Bernhard R., Krieg, Militär und Raum. Kommentar. In: Perspektiven der Militärgeschichte, S. 165–170

Kulikov, Viktor, Alexander Kozakow. Das erste russische Flieger-Ass. In: Das Propellerblatt, 2006, 16, S. 570–580

Kulikov, Viktor and August G. Blume, Chronicle of the Operations of the 1st Corps Air Detachement of the Imperial Russian Air Service, 1914–1917. In: Over the Front. Journal of the League of World War I Aviation Historians, 10 (1995), 2, S. 149–163

Kulikov, Viktor, Morane-Saulnier Type G. In: Windsock International, 10 (1994), 4, S. 31–37

Kulikov, Viktor, Nieuport »Bébé« in Rußland. In: Jet & Prop, 5 (1991), S. 46–50

Kulikov, Viktor, Nieuport 17/23 Fighters in Russian Skies. In: World War I Aero, 2000, 170, S. 28–38

Kulikov, Viktor, Russian Two-Seat Nieuports on the Eastern Front. In: Windsock International, 9 (1993), 6, S. 24–26

Kurowski, Franz, Balkenkreuz und Roter Stern. Der Luftkrieg über Rußland 1941–1944, Friedberg 1984

LeGras, Jules, Mémoires de Russie, Paris 1921

Lehmann, Ernst A., Auf Luftpatrouille und Weltfahrt. Erlebnisse eines Zeppelinführers in Krieg und Frieden. Nach seinen Aufzeichnungen und Mitteilungen hrsg. von Leonhard Adelt, Leipzig 1940

Lehmann, Otto, Erkundungsflüge. In: Mitteilungen des österreichischen Aëro-Clubs, 3 (1916), S. 187–189

Leonhardy, Leo, Dreimal Glück. In: Flieger am Feind, S. 207–211

Liulevicius, Vejas Gabriel, Kriegsland im Osten. Eroberung, Kolonisierung und Militärherrschaft im Ersten Weltkrieg, Hamburg 2002 (Engl. Orig. Cambridge 2000)

Loewenstern, Elard von, Der Frontflieger. Aus Vorkriegs-, Kriegs- und Nachkriegsfliegertagen, Berlin 1937

Loewenstern, Elard von, Tannenbergflieger. In: Unsere Luftstreitkräfte 1914–1918, S. 145–156

Der Luft-Krieg. Luftkrieg, Luftschiffahrt, Flugwesen. Mit einer Einführung von August von Parseval. Hrsg. von Paul Béjeuhr, Dachau [1915] (= Unser Krieg, 1)

Der Luftkrieg 1914–1915. Unter Verwendung von Feldpostbriefen und Berichten von Augenzeugen, dargestellt von einem Flugtechniker, Leipzig 1915

Luftwaffe. Wöchentliche Zeitschrift

Marben, Rolf, Ritter der Luft. Zeppelinabenteuer im Weltkrieg, Hamburg 1931

Meindl, Karl, Luftsiege der k.u.k. Luftfahrtruppen, Wien [2001]

Meos, Edgar, Allies on the Eastern Front. In: Cross & Cockade Journal. The Society of World War I Aero Historians, 10 (1969), 4, S. 314–328

Meos, Edgar, The Russian Giants. The Sikorsky Ilya Mourometz Bombers. In: Cross & Cockade Journal. The Society of World War I Aero Historians, 4 (1963), 2, S. 168–179

Middleton, Edgar Charles, The Great War in the Air, 2 vols., London 1920

Mobilmachung, Aufmarsch und erster Einsatz der deutschen Luftstreitkräfte im August 1914. Mit 15 Anl., 5 Bildtafeln und 14 Kt. Hrsg. von der Kriegswissenschaftlichen Abteilung der Luftwaffe, Berlin 1939

Morrow, John Howard Jr., Building German Airpower, 1909–1914, Knoxville, TN 1976

Morrow, John Howard Jr., German Airpower in World War I, Lincoln [u.a.] 1982

Morrow, John Howard Jr., The Great War in the Air. Military Aviation from 1909 to 1921, Washington [u.a.] 1993

Mühlig-Hofmann, Albert, Zwei Kriegsflüge aus dem Jahre 1914. In: Flieger am Feind, S. 9–19

Mühsam, Kurt, Unsere Flieger über Feindesland. Dokumente aus dem Weltkrieg 1914, Berlin [u.a.] 1914

Neumann, Georg Paul, Die deutschen Luftstreitkräfte im Weltkriege. Unter Mitw. von 29 Offizieren und Beamten der Heeres- und Marine-Luftfahrt nach amtlichen Quellen, Berlin 1920

Neumann, Georg Paul, Deutsches Kriegsflugwesen. Mit 65 Abb. und einem farbigen Umschlagbild, Bielefeld, Leipzig [1917]

Noffsinger, James Philip, World War I Aviation. A Bibliography of Books in English, French, German, and Italian, London 1997

Norman, Aaron, The Great Air War, New York [u.a.] 1968

Nowarra, Heinz J. and Godfrey Richard Duval, Russian Civil and Military Aircraft 1884–1969, London 1971

O'Connor, Martin, Air Aces of the Austro-Hungarian Empire 1914–1918, Mesa, AZ 1986

O'Connor, Neal, Aviation Awards of Imperial Germany in World War I and the Men who Earned Them. Vol. IV: The Aviation Awards of the Kingdom of Württemberg, Princeton, NJ 1995

Oertel, Walter, Die russischen Flieger. In: Deutsche Luftfahrer Zeitschrift, 20 (1916), S. 362 f.

Die Operationen des Jahres 1915. Die Ereignisse im Winter und Frühjahr. Mit 40 Kt. und Skizzen. Hrsg. vom Reichsarchiv, Berlin 1931 (= Der Weltkrieg 1914 bis 1918, 7)

Die Operationen des Jahres 1915. Die Ereignisse im Westen im Frühjahr und Sommer, im Osten vom Frühjahr bis zum Jahresschluß. Mit 39 Kt. und Skizzen. Hrsg. vom Reichsarchiv, Berlin 1932 (= Der Weltkrieg 1914 bis 1918, 8)

Die Operationen des Jahres 1915. Die Ereignisse im Westen und auf dem Balkan vom Sommer bis zum Jahresschluß. Mit 34 Kt. und Skizzen. Hrsg. vom Reichsarchiv, Berlin 1933 (= Der Weltkrieg 1914 bis 1918, 9)

Die Operationen des Jahres 1916 bis zum Wechsel in der Obersten Heeresleitung. Mit 45 Kt. und Skizzen. Hrsg. vom Reichsarchiv, Berlin 1936 (= Der Weltkrieg 1914 bis 1918, 10)

Osterhammel, Jürgen, Die Wiederkehr des Raumes. Geopolitik, Geohistorie und historische Geographie. In: Neue politische Literatur, 43 (1998), 3, S. 374–397

Otto, Friedrich, Allerlei Fliegergeschichten und -streiche. In: Unsere Luftwaffe, S. 107–111

Pawlas, Karl R., Deutsche Flugzeuge 1914–1918, Nürnberg 1976

Penning, Manfred, Sie flogen auf dem Großen Sand. Aus den Erinnerungen des Leopold Anslinger (13.8.1891–18.6.1978). In: Gonsenheimer Jahrbuch, 11 (2003), S. 52–86

Perspektiven der Militärgeschichte. Raum, Gewalt und Repräsentation in historischer Forschung und Bildung. Im Auftrag des MGFA hrsg. von Jörg Echternkamp, Wolfgang Schmidt und Thomas Vogel, München 2010 (= Beiträge zur Militärgeschichte, 67)

Peter, Ernst, Die k.u.k. Luftschiffer- und Fliegertruppe Österreich-Ungarns 1794–1919, Stuttgart 1981

Pöhlmann, Markus, Kriegsgeschichte und Geschichtspolitik. Der Erste Weltkrieg. Die amtliche deutsche Militärgeschichtsschreibung 1914–1956, Paderborn [u.a.] 2002

Potempa, Harald, Die Königlich-Bayerische Fliegertruppe in Südtirol 1915. Der Raum als militärhistorische Kategorie im Luftkrieg an der Südwestfront 1915–1918 (Vortrag in Wien, 2011)

Potempa, Harald, Die Königlich-Bayerische Fliegertruppe 1914–1918, Frankfurt a.M. 1997
Pustau, Eduard von, Die Marineluftfahrt im Kriege. In: Unsere Luftwaffe, S. 73–79
Requadt, Rudolf, Im Kriegsflugzeug, Berlin 1916
Riaboff, Alexander, Gatchina Days. Reminiscences of a Russian Pilot. Ed.: Von Hardesty, Washington 1986
Richthofen, Manfred von, Der rote Kampfflieger, Hamburg 1990 (Nachdr. der Ausg. Berlin 1917)
Ritter, Hans, Der Luftkrieg, Berlin [u.a.] 1926
Rohden, Herhudt von, Vom Luftkriege. Gedanken über Führung und Einsatz moderner Luftwaffen, Berlin 1938
Rothkirch und Panthen-Schottgau, Oskar von, Drei kleine Fliegergeschichten aus Ost und West. In: Unsere Luftstreitkräfte 1914–1918, S. 279–286
Roustam-Bek, Boris, Aerial Russia. The Romance of the Giant Aeroplane, London [u.a.] 1916
Russian Defeat Due to Lack of Aeroplanes. In: Aerial Age Weekly, 1 (1915), 21, S. 493 f.
Schäfer, Emil, Vom Jäger zum Flieger. Tagebuchblätter und Briefe von Leutnant Schäfer, Berlin 1918
Schilling, Friedrich, Flieger an allen Fronten, Berlin 1936
Schilling, René, »Kriegshelden«. Deutungsmuster heroischer Männlichkeit in Deutschland 1813–1945, Paderborn [u.a.] 2002
Schmuttermayer, Georg, Flieger-Erinnerungen, Dachau 1931
Schröder, Hans, Erlebter Krieg, Bern [1934]
Schwingel, Markus, Pierre Bourdieu zur Einführung, 3., verb. Aufl., Hamburg 2000
Sikorsky, Igor Ivan, The Story of the Winged S. An Autobiography, New York 1967
Smith, Myron J. Jr., World War I in the Air. A Bibliography and Chronology, Metuchen, NJ 1977
Stone, Norman, The Eastern Front 1914–1917, London 1975
Strachan, Hew, Die Ostfront. Geopolitik, Geographie und Operationen. In: Die vergessene Front, S. 11–26
Struck, Ernst, Im Fesselballon, Berlin [1918]
Supf, Peter, Das Buch der deutschen Fluggeschichte, Bd 2: Vorkriegszeit, Kriegszeit, Nachkriegszeit bis 1932, 2., verb. und erw. Aufl., Stuttgart 1958
Die Tätigkeit der österr.-ung. Luftstreitkräfte beim Auffangen der russischen Angriffsheere im Sommer und Herbst 1914. Mit 60 Beilagen. Hrsg. von der Kriegswissenschaftlichen Abteilung der Luftwaffe, Wien 1941/42
Tschischwitz, Erich von, Armee und Marine bei der Eroberung der Baltischen Inseln im Oktober 1917. Erfahrungen und Betrachtungen. Nachdr. der Ausg. Berlin 1931, Wolfenbüttel 2007
Das ungewöhnliche Fliegerschicksal der Brüder Carl und Heinrich Deilmann im Weltkriege 1914–1918. Hrsg. von Joachim Knappe, Bonn 2002
Unsere Flieger im Kriege. Dreißig Berichte aus dem Felde. Hrsg. von Nicolaus Henningsen, 7. Aufl., Köln 1917

Unsere Luftstreitkräfte 1914–1918. Ein Denkmal deutschen Heldentums. Hrsg. von Walter von Eberhardt, Berlin 1930

Unsere Luftwaffe. Ihr Wesen und ihre Entwicklung, mit Beiträgen berühmter Flieger und Führer von Luftschiffen, zugleich Jahrbuch des Luftfahrerdank e.V. 1917. Hrsg. von H. Funk, Leipzig 1917

Die vergessene Front. Der Osten 1914/15. Ereignis, Wirkung, Nachwirkung. Im Auftrag des MGFA hrsg. von Gerhard P. Groß, Paderborn [u.a.] 2006 (= Zeitalter der Weltkriege, 1)

Volck, Herbert, Die Wölfe. Eine deutsche Flucht durch Sibirien, Berlin 1938

Vom Heldenkampf der deutschen Flieger. Ein Ruhmesbuch der deutschen Tapferkeit. Hrsg. von Emil Ferdinand Malkowsky, Berlin 1916

Vor der russischen Grenze. In: Flugsport, 26.12.1914, S. 974–980

Die Wacht im Osten. Feldzeitung der 12. Armee

Der Weltkrieg 1914–1918. Die militärischen Operationen zu Lande, 14 Bde. Bearb. im Reichsarchiv, Berlin 1925–1944

Whiting, Kenneth R., Soviet Air Power, London 1986

Willmot, Hedley Paul, Der Erste Weltkrieg, München 2009

Wilson, Tim, Eskadra Vozdushnikh Korablei (EVK) and the Brusilov Offensive: June–August 1916. In: Over the Front. Journal of the League of World War I Aviation Historians, 18 (2003), 2, S. 114–131

Wöstmann, Anton, »Schneid wird belohnt« oder »Der Ballon als Fliegerschreck«. In: In der Luft unbesiegt, S. 265–269

Wolff, L., Der Sieg über das russische Riesenflugzeug. In: Das Fliegerbuch, S. 151–158

Potsdamer Schriften zur Militärgeschichte

Band 22

»Vom Einsatz her denken!«
Bedeutung und Nutzen von Militärgeschichte
zu Beginn des 21. Jahrhunderts

Mit Beiträgen von Donald Abenheim, Eberhard Birk, Bernhard Chiari, Antje Dierking, Axel F. Gablik, Winfried Heinemann, Hans-Hubertus Mack und Peter Andreas Popp. Im Auftrag des Zentrums für Militärgeschichte und Sozialwissenschaften der Bundeswehr herausgegeben von Dieter H. Kollmer

108 Seiten, Paperback, 9,80 EUR
ISBN 978-3-941571-26-6

Band 21

Piraterie in der Geschichte

Mit Beiträgen von Robert Bohn, Martin Hofbauer, Teresa Modler, Gorch Pieken und Martin Rink. Im Auftrag der Deutschen Kommission für Militärgeschichte sowie des Zentrums für Militärgeschichte und Sozialwissenschaften der Bundeswehr herausgegeben von Martin Hofbauer

92 Seiten, Paperback, 9,80 EUR
ISBN 978-3-941571-25-9

Band 20

Marenglen Kasmi
Die deutsche Besatzung in Albanien 1943 bis 1944

64 Seiten, Paperback, 7,90 EUR
ISBN 978-3-941571-24-2